Luis Ricardo

Luis Ricardo

1ª edição: Janeiro 2025

Autor:
William Sanches

Preparação de texto:
3GB Consulting

Revisão:
Debora Capella
Gabrielle Carvalho

Projeto gráfico:
Luisa Tavares

Capa:
Claudio Szeibel

Foto de capa:
Moises Pazianotto

DADOS INTERNACIONAIS DE CATALOGAÇÃO NA PUBLICAÇÃO (CIP)

Sanches, William
Luis Ricardo : muito além do palhaço mais famoso do mundo / William Sanches. – Porto Alegre : Citadel, 2024.
192 p. ; il.

ISBN 978-65-5047-531-4

1. Palhaços – Brasil – Biografia 2. Ricardo, Luis – Biografia
3. Palhaço Bozo – Biografia I. Título

24-4403 CDD – 927.9133

Angélica Ilacqua – Bibliotecária – CRB-8/7057

Produção editorial e distribuição:

CITADEL Grupo Editorial

contato@citadel.com.br
www.citadel.com.br

WILLIAM SANCHES

Luis Ricardo

Muito além do palhaço mais famoso do mundo

CITADEL
Grupo Editorial

2025

Silvio Santos, obrigado pela oportunidade de construir tantas histórias dentro de sua emissora e ao lado de sua família. Você foi um grande Mestre em muitas áreas de minha vida, e se hoje posso compartilhar este livro é graças ao dia em que você olhou para mim e me deu a oportunidade de viver tudo isso.

SUMÁRIO

INTRODUÇÃO

Quase tive nome de estátua

"NÃO HÁ NADA DE ERRADO EM CELEBRAR UMA VIDA SIMPLES."

J.R.R. Tolkien

1963

Luis Ricardo quase teve nome de estátua. Claro, eu explico. É estranho começar um livro assim, mas você logo vai entender. Quem conhece a história neste momento já deve estar rindo, mas, se você não conhece, deve estar com a curiosidade a mil.

Quando perguntei o motivo de o nome dele não ter acento (afinal, quase todo LUÍS tem), ele me disse o seguinte: "Você não imagina a confusão que foi para me registrarem no cartório".

"Meu tio Roberto Bruno foi me registrar e queria me colocar o nome de Ricardo Luis; meu pai não pôde ir nesse dia ao cartório, porque estava viajando com o Circo Garcia. Logo vou falar do meu pai, o Palhaço Xuxu, mas, voltando, meu tio prontamente disse que iria e lá foi; porém, no caminho tinha a inauguração da estátua do Borba Gato, justamente no dia 27 de janeiro de 1963."

A estátua do Borba Gato sempre foi amada por uns e detestada por outros. Situado na confluência das avenidas Santo Amaro e Adolfo Pinheiro e inaugurado em 27 de janeiro de 1963, o monumento foi concebido pelo escultor Julio Guerra (1912–2001).

A festa de inauguração foi grande, com shows de Cauby Peixoto e Ângela Maria. De um lado, a cidade comemorava a inauguração da estátua do Borba Gato, e, do outro, a família do Luis Ricardo comemorava seu nascimento, depois de uma gravidez muito complicada. Sua chegada era bastante esperada, e, claro, para comemorar o nascimento – não da estátua, mas do sobrinho –, teve muito chope e alegria, afinal a criança mais esperada pela família tinha acabado de nascer.

"Minha mãe pediu para colocar o nome de Ricardo Luis, estava tudo combinado, mas no caminho meu tio encontrou uma festa, a Festa de Inauguração da Estátua de Borba Gato. Ele literalmente encheu a cara no caminho para o cartório e, depois, adivinhe? Chegou ao cartório bêbado. Quando foi perguntado pela atendente qual nome seria colocado na criança, respondeu bem alto: 'BORBA GATO!'."

Claro que o escrivão não permitiu que o nome fosse esse, ele já sabia da festa que estava acontecendo nas redondezas e também percebeu que o tio de Luis Ricardo não estava no seu estado normal.

"Aí o escrivão viu que ele estava alterado, disse 'não'. E com o papel da maternidade na mão, ele ficou em dúvida: era Ricardo Luis ou Luis Ricardo?"

Não tinha telefone na época, muito menos um WhatsApp para confirmar em segundos a informação – estamos falando de 1963. Tente imaginar a situação do tio do Luis e do escrivão. É Luis Ricardo ou Ricardo Luis?

Ele então registrou como Luis Ricardo.

Pronto! Estava registrado o nome de uma das pessoas mais amadas do Brasil. Não só pela sua família, mas também por todos os fãs e amigos que ele viria a ter ao longo da vida, que, nesse momento, estava apenas começando.

Já pensou você lendo este livro e chamando o Luis Ricardo de Borbinha ou o Silvio Santos cantando, na abertura do *Show de Calouros*, "E o Borba Gato, lá lá lá lá..."?

Todo mundo no Brasil já ouviu falar em Luis Ricardo. Mas nem todo mundo conhece o homem por trás do artista ou todas as etapas de sua carreira, nem todo o talento do homem Luis Ricardo. Neste livro, você vai descobrir coisas incríveis que vão lhe servir também como inspiração em algum desafio que esteja enfrentando, em alguma situação difícil que esteja vivendo. Mais difícil que enfrentar leões na jaula, como Luis fez vivendo no circo, é enfrentar os leões do dia a dia.

1886

O começo na Europa

Luis nasceu numa família circense. O que você não faz ideia é de toda a história antes de esse dia chegar. Vamos voltar um pouco no tempo – um pouco, não: muito!

Este foi o ano do nascimento da bisavó do Luis Ricardo, 1886, em Barcelona, na Espanha. Essa mulher forte e desbravadora rompeu muitas barreiras. Bom, imagine uma época em que a mulher não podia fazer quase nada: Mercedes Corominas voava num balão e fazia acrobacias em pleno céu da Europa. A primeira geração circense estava acontecendo diante dos olhos dos espanhóis, inclusive do rei Afonso XIII.

Tudo começou no fim do século 19, na Espanha, quando Mercedes Corominas (1886–1926), artista do Circo Calderón, deu início à tradição circense da Família Monteiro. Num trapézio acoplado a um balão de ar quente, Mercedes apresentava números de acrobacias aéreas em espetáculos de balonismo conhecidos como "Ascensões Aeroestáticas".

Para você ter uma ideia, a bisavó de Luis Ricardo ganhou do rei da Espanha um balão. A Dona Mercedes Corominas, a Rainha dos Ares, como era conhecida, voava e se apresentava de balão em meados de 1909. A repercussão era muito grande, e todos paravam para ver a "Senhora que voava".

Em 1911 a aeronauta realizou, no zoológico da cidade do Rio de Janeiro, uma ascensão pilotando o balão "Mercedes".

Recortes de jornais e panfletos da época, aproximadamente 1909.

Era uma das maiores atrações da Espanha e também de Portugal. Imagine uma mulher, em 1909, fazendo acrobacias em pleno ar, pendurada em um balão!

Ela ganhou esse balão do rei Afonso XIII, que foi rei da Espanha de seu nascimento até a proclamação da Segunda República Espanhola, em 1931. Ele presenteou Mercedes Corominas com um balão para a realização de suas acrobacias aéreas. Em forma de gratidão, Mercedes colocou em seu filho o nome Afonso. Ele seria, mais tarde, o avô de Luis Ricardo.

Antes de vir para o Brasil, ainda em Portugal, Mercedes casou-se com Francisco Pedro Monteiro. E aqui, em Campos dos Goytacazes, RJ, criaram o Circo Coliseu. Depois do seu falecimento, seu filho, Afonso Corominas Monteiro, criou o circo Teatro Aloma.

Com mais de 100 anos de tradição no circo, família Monteiro vira tema de vídeo.

Fizemos uma caminhada longa até aqui, para chegarmos de novo no amado Luis Ricardo. Mas falta só mais um pouco; antes quero falar de seu pai, o palhaço "Xuxu".

O senhor Franco Alves Monteiro, mais conhecido como Xuxu, é acrobata, ator, ciclista, globista, trapezista, domador e palhaço. E, claro, filho de Afonso Corominas Monteiro e Adenides Alves. Xuxu, como gosta de ser chamado, pertence à quarta geração.

Estreou aos quatro anos fazendo deslocação, número que aprendeu com os pais. Trabalhou nos circos Garcia, Sciavon e Bombril (com Walter Stuart, em 1952 e 1953). Foi professor de comicidade na Academia Piolin, em São Paulo.

Casou-se com Marli Benedita Bruno, e tiveram o filho único, Luis Ricardo, quase registrado como Borba Gato, você se lembra?

1961

Marli conheceu o senhor Franco, o Xuxu, no circo. Ela não trabalhava lá, mas foi assistir, aos catorze anos, o espetáculo em que ele se apresentava como trapezista e domador. O circo estava em São Paulo, na Chácara Santo Antônio, e ali eles se conheceram – Marli na plateia, e Franco no palco.

Casaram-se em 1961, quando Marli tinha dezesseis anos – naquela época era muito comum casar jovem assim. Marli, então, começou a fazer pequenas participações nos espetáculos, para ajudar: participou do corpo de bailado, fazia esquetes, vendia pipoca, assumiu a lanchonete do local, e, como toda família circense pelo mundo, fez de tudo.

Você nem imagina quem foi a Marli, e pode ter passado por ela ao longo da vida sem saber que era a mãe do Luis Ricardo...

Voltando aqui e agora para Luis Ricardo, filho único, parte da quarta geração circense de sua família. Debaixo da lona do picadeiro, fez de tudo também – e desde cedo já sabia que queria ser artista. Vendeu pipoca, empinou pratos, domou leões. Chegou a fazer diversos números de mágica, entre eles um que "cortava" sua assistente de palco ao meio – e quem era essa assistente? Sua mãe, Marli.

1980

Nesse ano, Luis Ricardo se apresentava no circo e foi descoberto pelo produtor de TV Valentino Guzzo, que, vendo seu talento, o levou para a TV. Luis estreou na telinha no início dos anos 1980, no infantil *Domingo no Parque*, que fazia parte do *Programa Silvio Santos* e, obviamente, era apresentado pela lenda em pessoa.

Domingo no Parque foi um programa dominical de auditório apresentado por Silvio Santos, exibido entre 1977 e 1988, na Tupi, na Record e no SBT. Naquela época, a atração já era um aglomerado de diversos programas de auditório que alegravam os domingos das famílias brasileiras.

Essa foi apenas a porta de entrada para o papel que o tornaria um clássico da TV brasileira, o Palhaço Bozo. Calma, que aqui estou apenas mostrando a você como temos história pela frente, e sua mente vai viajar com tanta coisa linda desse universo.

LUIS, CÂMERA, AÇÃO!

Luis fez muita coisa ao longo da carreira, você verá muitas aqui, mas uma curiosidade superimportante é que ele participou de um dos filmes do Mazzaropi, chamado *O Jeca e a égua milagrosa*.

Amácio Mazzaropi foi um ator, humorista, cantor, produtor, roteirista e cineasta brasileiro. Um dos nomes mais conhecidos do cinema nacional, ficou marcado pelos papéis de "jeca" ou "caipira", tendo produzido, escrito, dirigido e estrelado 32 produções entre 1952 e 1980 – e, em uma delas, lá estava Luis Ricardo.

Se você apontar a câmera para este QR Code, vai conseguir ver um pequeno trecho dessa participação.

Agora, se você foi criança nos anos 1980, com certeza tem boas lembranças do palhaço mais famoso do mundo, e do qual Luis Ricardo foi um dos principais intérpretes no Brasil ao longo de quase dez anos.

A atração era exibida pelo recém-inaugurado canal de televisão TVS, de segunda a sexta, ao vivo. O sucesso foi tão grande que o programa se dividiu em dois, ganhou espaço na parte da tarde também. Ficou dividido em dois turnos: de manhã, das 8h às 14h, e à tarde, das 16h às 18h.

O cenário lembrava um picadeiro, onde o palhaço apresentava brincadeiras como corrida de cavalo, batalha-naval, coelho na casinha, jogo dos baldes, jogo da memória... cercado de uma plateia mirim e outros personagens da "família" Bozo: a Vovó Mafalda, o Papai Papudo, Salcifufu e a Bozolina...

Bozo também atendia ligações de crianças de todo o país, que participavam dos jogos ao vivo pelo telefone, distribuía prêmios e exibia desenhos animados, de *Pica-Pau* a

Tom e Jerry. Bozo fez tamanho sucesso que levou a emissora a investir em novas atrações infantis.

Para você matar as saudades ou conhecer um pouco desses momentos, aponte a câmera do seu celular para cá e assista.

Luis Ricardo
Programa Bozo TVS
SBT anos 1980.

Ainda na mesma década e emissora, o artista estreou como jurado no programa *Show de Calouros*, que encerrava o *Programa Silvio Santos* no domingo à noite.

Inspirado em programas de rádio com apresentações de aspirantes a cantores, o *Show de Calouros* dava espaço não só para cantores, mas também para dançarinos e diferentes tipos de artistas apresentarem seus talentos. Ali, Luis Ricardo compunha o seleto grupo de jurados formado por personalidades e artistas renomados (como Décio Piccinini e Aracy de Almeida) e outros ainda em ascensão, como Sérgio Mallandro, Mara Maravilha... Mais para frente, vamos falar de boas histórias desse momento.

1990

Já nos anos 1990, antes da popularização dos canais a cabo e reality shows, a concorrência acirrada da TV aberta gerou uma leva de atrações inesquecíveis.

A partir daí, o já consagrado artista participou de diversos programas da casa, tanto como cantor quanto como apresentador. Entre eles, *Viva a Noite*, *Qual é a Música?*, *Tentação*, *Gol Show* e por aí vai. Tornou-se o principal substituto de Silvio Santos toda vez que o patrão estava de férias ou não podia liderar a atração por algum motivo – mais recentemente, como aconteceu na pandemia de covid-19.

Agora, se você ainda é jovem e não viveu nada disso, talvez tenha escutado seus avós, pais e tios falarem sobre esses icônicos programas da TV brasileira que marcaram gerações. Alguns deles, seja com a mesma fórmula e nome, seja com uma nova roupagem, continuam no ar e contam com a participação de Luis Ricardo – como os sorteios da Tele Sena e o *Roda a Roda Jequiti*, atualmente comandados pelas filhas de Silvio Santos Patrícia e Rebeca Abravanel.

O objetivo deste livro, como você já percebeu, é contar os bastidores da trajetória de sucesso de um dos maiores *showmen* do país, com seus altos e baixos, destacando seus maiores aprendizados ao longo da vida. Muito além do palhaço mais famoso do mundo, Luis nos ensina bastante. A história do Luis Ricardo é permeada pela história da TV brasileira, então aqui você vai viajar e recordar muitos momentos.

Essa é a história de um homem de origem humilde, que começou a trabalhar aos nove anos e, antes de completar dezoito, já tinha o seu próprio programa de TV. Que alcançou o estrelato e quebrou a cara algumas vezes. Mas que nunca desistiu, muito menos perdeu a fé – a base de tudo!

Aliás, isso será muito lembrado aqui. O que seria a "base de tudo" para você?

Para o Luis, você vai perceber logo.

Apesar das inúmeras conquistas ao longo da longeva carreira, Luis Ricardo nunca se distanciou de sua essência. Ele se considera uma pessoa simples até hoje.

"Esse negócio de se achar melhor que os outros e não cumprimentar as pessoas é ridículo. Estrelismo não é comigo. O Bozo era a estrela. Eu fui apenas seu assistente."

Quem o conhece de perto sabe que é verdade. Entre os mais próximos, costuma se referir a si mesmo na terceira pessoa. Por quê?

"Porque eu gosto de separar o artista de quem sou na intimidade, ou seja, do amigo, do marido, do pai de família. Isso pode parecer um pouco arrogante a princípio, mas faz todo o sentido à medida que você conhece o verdadeiro Luis Ricardo, por trás das câmeras. Quando olho para as fotos do início da carreira, como aquela em que estou na frente de um dos caminhões do circo, penso que aquele menino teve muita determinação. Mas ele não se esqueceu de suas raízes."

Tenho uma curiosidade para contar, uma entre tantas ao longo do livro, no sentido figurado e no sentido literal. De vez em quando, Luis monta uma barraca no jardim de sua casa – uma confortável mansão em um condomínio chique nos arredores da capital paulista – e dorme por lá para recordar os tempos em que as tendas faziam parte do seu dia a dia, comprovando que ele pode ter saído do circo, mas o circo não saiu dele.

Não se envergonha de suas origens, pelo contrário, sente muito orgulho. Pois sabe que foi o caminho que o fez uma pessoa "pé no chão", como ele mesmo diz. Isso significa que aprendeu a reconhecer seu valor, a tratar as pessoas igualmente e a não se deslumbrar com o sucesso ou a riqueza. E essas lições Luis fez questão de ensinar aos filhos desde cedo. O que me faz lembrar daquele provérbio chinês que diz: "Quando as raízes são profundas, não há razão para temer o vento".

Família para ele é a base de tudo. Pronto! Entreguei a você a base de tudo para o Luis. "Sem demagogia, tudo o que conquistei foi por e para eles", resume.

No início, foi para os pais, aos quais é eternamente grato, a fim de oferecer a eles uma vida melhor. Depois, para a esposa, Zahie, e os filhos, Luis Ricardo Júnior e Mayara. "Um dia a gente pode ter pouco e ter de comer ovo. No outro, talvez tenhamos um pouco mais, e possamos comer carne. O que importa é que estejamos sempre juntos."

Não é à toa, portanto, que Luis Ricardo ainda hoje seja parado na rua e reconhecido como um artista popular – ou de massa, como se fala. Um título que para alguns pode soar pejorativo, mas que, para ele, "é o maior elogio do mundo".

Para aplaudir de pé!

CAPÍTULO 1

Do circo para a TV

“O RISO É ETERNO, A IMAGINAÇÃO NÃO TEM IDADE, OS SONHOS SÃO PARA SEMPRE.”

Walt Disney

1972

Luis Ricardo começou a trabalhar no circo, onde nasceu, aos nove anos. A pedido da mãe, vendia pipoca na plateia. Naquela época, era comum as crianças ajudarem os pais em seus ofícios, ainda mais nos lares humildes – que, no caso da família dele, era um trailer.

Embora fosse uma vida árdua e sem luxo, tinha amor, alegria e imaginação de sobra. Sabe aquela frase "a necessidade é a mãe da invenção", que costuma ser atribuída ao filósofo Platão? Na rotina do circo, ela se materializava todos os dias. "Todo mundo que nasceu no circo estreia cedo no picadeiro, seja vestido de bailarina ou palhaço, muitas vezes para unir o útil ao agradável mesmo", diz Luis Ricardo.

Como era uma criança curiosa, ainda na infância desenvolveu novas habilidades circenses, de malabarismo a números de mágica. Também amava conviver com os animais que faziam parte da trupe, como chimpanzés, elefantes e leões. Aos doze anos, já sabia domar os "amigos" felinos.

Abrindo um parêntese aqui: em 1989, em uma das aberturas do programa *Bozo*, o palhaço apareceu numa cena brincando com um leão na jaula. Sim, por trás da máscara, estava Luis Ricardo. Fecha parêntese.

Outra coisa que aprendeu em seus tempos de circo foi o canto. A princípio, por necessidade, já que o espetáculo precisava de um cantor para realizar alguns números. Depois, tomou gosto pela arte e chegou a cantar profissionalmente. Todas as habilidades que adquiriu no circo, aliás, abriram as portas para sua estreia na TV e serviram de alicerce ao longo de sua carreira. E tudo começou com a visita de duas pessoas muito especiais ao picadeiro, que depois se tornariam seus colegas de palco na TV: Pedro de Lara (1925–2007) e Valentino Guzzo (1936–1998).

1980

Do primeiro, provavelmente você já ouviu falar. O ator e comediante Pedro de Lara ficou famoso como o jurado "carrasco" de programas de auditório, como *Cassino do Chacrinha* (Globo) e *Show de Calouros* (SBT). Já o também ator e comediante Valentino Guzzo destacou-se ainda como produtor de TV – e deu vida ao personagem Vovó Mafalda, da família Bozo. Embora menos lembrado pelo público nos dias de hoje, uma vez que sua atuação se deu principalmente nos bastidores, Guzzo foi um dos grandes mentores de Luis Ricardo na TV. "Ele se destacou na TV por seu caráter, bondade e ausência de ego. Não tinha medo de ser substituído. Por isso, soube dar oportunidades a novos talentos, algo que acredito ser raro no meio artístico hoje, infelizmente", lamenta.

Além dessas inúmeras qualidades televisivas, muita gente não sabe, mas tanto Guzzo quanto de Lara também tinham uma veia circense. Por essa razão, não só participavam de espetáculos como também eram incumbidos pelo "patrão" Silvio Santos de buscar por lá novas atrações para os seus programas. Numa dessas, encontraram o menino Luis Ricardo.

"Meu pai já se apresentava na TV de vez em quando. Mas, quando soube que eu tinha recebido um convite para participar também, não gostou muito da ideia. 'Não é ambiente para você. Prefiro meu filho aqui, debaixo da minha asa', disse. Talvez porque eu ainda fosse menor de idade", recorda-se Luis. No fundo, ele sabia que, além do instinto protetor do pai, havia o receio de perder o seu braço direito nos negócios, já que o menino era "pau pra toda obra", dentro e fora do palco.

Para dissuadi-lo, Luis Ricardo explicou que aparecer na TV seria uma boa oportunidade para angariar público para o próprio circo. Algo em que realmente acreditava, porque para ele, desde sempre, a família vinha em primeiro lugar. A vontade do filho único de tirar "os velhos" daquelas condições precárias falou mais alto. Seguiu, então, seu instinto e foi trabalhar no SBT, que na época ainda se chamava TVS.

“AGORA É HORA DE ALEGRIA...

...VAMOS SORRIR E CANTAR.”

O tema de abertura do programa *Domingo no Parque* anunciava uma manhã cheia de brincadeiras. Em um cenário que lembrava um parque de diversões, o auditório era composto por crianças de duas escolas que disputavam uma gincana. Além das brincadeiras de palco, com entrega de prêmios, havia atrações artísticas, como shows e números de circo. Em sua estreia na TV, Luis Ricardo apresentou o famoso truque de mágica em que a assistente de palco é serrada ao meio – a assistente foi ninguém menos que sua mãe!

Por coincidência, ou quem sabe um bom agouro, quem os chamou ao palco foi o comediante Wandeko Pipoca, o primeiro intérprete do palhaço Bozo no Brasil, que infelizmente faleceu enquanto este livro estava sendo escrito, em junho de 2024.

"Comecei na TV como Luis Ricardo, fazendo números de circo. Até que o Wandeko, que ficou uns dois anos no ar, saiu da TV, e o programa acabou. Então, o gênio Silvio Santos chamou o diretor e sugeriu que eu me vestisse de Bozo para participar do *Domingo no Parque*."

No começo, a sua função era fazer alguns números de circo vestido como Bozo. Também tinha de atender um telefone ao vivo, sentado em um tamborete, para conversar e dar prêmios às crianças (algo que faria novamente como Bozo mais adiante, já em seu próprio programa). "Ainda hoje me lembro de cor do número de telefone que repetia para o público ligar para a gente, 236-08-73." Não apenas ele, mas muitas pessoas que foram crianças na década de 1980 ainda se lembram desse número...

O primeiro contrato como Bozo foi de apenas três meses. Como ainda não tinha dezoito anos completos, foi emancipado por seus pais para estar apto a assinar a carteira de trabalho, e, na sequência, o acordo com a empresa. Ao final do período de experiência, pediu a Valentino Guzzo que o apresentasse a Silvio Santos. Queria ao menos apertar a mão do patrão antes de deixar a casa.

Chegando ao camarim, a primeira coisa que ouviu dele foi: "Você é novo. E bonitinho demais para ficar só atrás da máscara de palhaço. O que mais você sabe fazer?". Ao que Luis Ricardo prontamente respondeu, meio nervoso: "De tudo um pouco. Eu equilibro pratos, corto as pessoas ao meio, canto...".

Silvio Santos então disse: "Estamos gravando uma novela, *Sombras do Passado*, quem sabe você pode gravar uma faixa da trilha sonora". Os olhos do Luis Ricardo brilharam, porque mais uma oportunidade havia batido à sua porta.

1983

Não só o contrato como Bozo foi estendido, como também Luis Ricardo foi convidado a gravar duas faixas românticas do folhetim, que estreou em 1983, incluindo o tema de abertura.

Mas, com a saída de Wandeko Pipoca da TV, Luis Ricardo passou a substituí-lo como seu novo intérprete também no programa *Bozo*, a partir de 1984 – função que dividiria com vários artistas ao mesmo tempo, já que a atração era apresentada em dois turnos –, assunto que retomaremos no próximo capítulo. Apesar de Luis Ricardo não gostar de comentar, acho importante frisar que um dos intérpretes do palhaço deixou o programa por conta de vício em substâncias abusivas. Sua trajetória, por sorte, teve um final feliz após a saída da TV. Isso foi retratado em *Bingo: o rei das manhãs* (2017).

Quer ouvir o Luis Ricardo cantando? Aponte sua câmera para o QR Code.

Como o Bozo teve vários intérpretes, por ocasião do lançamento do filme Luis Ricardo foi parabenizado por pessoas que não o conheciam, por ter "largado as drogas". Eu, William Sanches, também não assisti ao filme. Sou tão apaixonado pelo Bozo que jamais queria ver cenas que fizessem o encanto acabar. Prefiro ter a imagem do palco porque, durante anos, o Bozo foi minha companhia em casa por horas.

O mais chato, nessa ocasião do filme, é que membros da família de Luis foram abordados para se explicar sobre o assunto: "Imagine, justo eu, que só comecei a beber álcool quando já tinha quase trinta anos", afirma Luis. Inclusive, ele fez questão de não ver o filme, porque a crueldade que fizeram com o personagem é inadmissível. Não condiz com a pureza que o Bozo representou em uma década no Brasil.

"Para não perder a magia, sabe? Acho que muitos pais hoje podem pensar 'Nossa, como deixei meu filho ver esse programa quando ele era criança?'. Isso sem contar que essa generalização pode atingir os outros atores e tem o potencial de destruir o personagem."

Do circo para a televisão, de fato, foi uma jornada mágica. Não há como negar que a fama trouxe prosperidade para a sua família, que era o objetivo original. E, a partir daí, o artista colheria outros frutos também.

"Fui galgando meu espaço na TV aos poucos, com discrição e honestidade. E lá se vão quarenta e poucos anos..."

A oportunidade bate à sua porta, mas não gira a maçaneta.

Das pequenas oportunidades que apareceram, Luis não teve medo. Também não fez escolhas do tipo "isso é pequeno para mim". Aceitou as oportunidades e deu seu melhor em cada etapa. "Um incêndio nunca começa grande, começa com uma fagulha", ele sempre costuma dizer quando conta para mim alguns trechos de sua vida num período mais difícil.

"O Silvio Santos me disse uma vez que o guindaste é forte, mas não sai do lugar. O guindaste faz um esforço descomunal, mas não sai do lugar. Não basta o seu esforço, você tem de se movimentar e, além de aproveitar as oportunidades, precisa criá-las. Em uma das apresentações do Baú da Felicidade, o Trio Los Angeles, grupo muito famoso nessa década, estava se apresentando no Teatro Imprensa, em uma festa de fim de ano. Eles ainda usavam banda, não era *playback*. Fui convidado para participar, nem fazia parte do Baú ainda – mas o Márcio do Trio me chamou ao palco. Agradeci. Estava lotado de gente no teatro. Fui direto para a bateria e também cantei a música do Trio Los Angeles. Desse dia em diante, o Baú da Felicidade começou a olhar o Luis de forma diferente."

Já pensou hoje que o problema que você enfrenta pode ser uma oportunidade disfarçada?

Para pensar...

CAPÍTULO 2

"Alô, criançada, o Bozo chegou!"

“A CRIANÇA QUE
NÃO BRINCA NÃO É
CRIANÇA. O ADULTO
QUE NÃO BRINCA
PERDEU PARA
SEMPRE A CRIANÇA
QUE VIVIA NELE
E QUE LHE FARÁ
MUITA FALTA.”

Pablo Neruda

1980

"Nunca mais coloco essa peruca na vida."

Essa foi a promessa que o então artista de circo Luis Ricardo fez na primeira vez que se vestiu de Bozo. O episódio aconteceu no início dos anos 1980, no interior de São Paulo. Na época, ele recebeu uma visita de Valentino Guzzo no circo, para convidá-lo a participar de um evento no Dia das Crianças em um famoso hotel em Cotia. Para chegar em grande estilo, Bozo seria levado até lá de balão. "Mas o Wandeko (Wandeko Pipoca, primeiro ator a interpretar o palhaço) amarelou, então sobrou para mim. O combinado foi que sairíamos de Itu e, ao chegar no local do evento, em Cotia, ele assumiria o papel", diverte--se Luis. Mesmo assim, topou na hora. Até aí, tudo bem.

Com a roupa um pouco larga, maquiado e de peruca, ele subiu no balão animado. O problema foi que, logo após a partida, o tempo virou… Por conta do vento, foram levados por uma corrente de ar para a direção oposta. À medida que a maquiagem derretia e a cabeça esquentava, pela proximidade com o queimador do balão, Luis percebeu que o piloto começou a ficar nervoso.

Não teve jeito, tiveram de pousá-lo no meio do nada. Foram resgatados e conduzidos até o local do evento de camionete.

Luis Ricardo contando essa história no podcast *Ticaracaticast*.

Fico aqui imaginando sua bisavó Mercedes, a Rainha dos Ares, vendo essa cena, o que diria. Justo ela, que dominou os céus da Europa em seu balão com acrobacias, aproximadamente em 1909, vendo aqui seu bisneto perdido num voo rasante de balão.

Chegando ao local combinado, entretanto, Wandeko já tinha começado o show. "Pensei que minha cabeça ia pegar fogo, mas foi só um susto. Mesmo assim, ao encontrar a equipe, logo avisei que não contassem mais comigo para aquele personagem", recorda-se.

O tempo passou. Logo começou a apresentar seus números de circo vestido de Bozo no *Programa do Bozo*, fazendo dublagem. Silvio Santos queria que aparentasse que o Bozo estava fazendo os números. Até que um dia Luis ficou sabendo que o programa principal do Bozo, apresentado durante a semana a princípio por Wandeko Pipoca, havia sido cancelado. "Que pena, o cachê era bom", lamentou ao ouvir a notícia. Ah, se ele soubesse o sucesso que viria pela frente...

A vida é assim, como uma estrada: a gente vai dirigindo, e, pouco a pouco, a estrada vai sendo revelada. O importante é nunca parar nem desistir. Se você desiste, a estrada para de ser revelada a você, e uma vida parada não deixa ninguém realizado.

Bozo Bozoca Nariz de Pipoca

Mas, antes de continuar a história de como o menino Luis Ricardo, com dezesseis anos, se tornou o intérprete mais famoso do Bozo, é preciso explicar aqui para os mais jovens que o personagem não era um mero palhaço. E, sim, O palhaço. Senta que lá vem história, como dizia a Vovó Mafalda.

Bozo surgiu em 1946, nos Estados Unidos, em um disco da famosa gravadora norte-americana Capitol Records, com o nome *Bozo at the Circus* (Bozo no Circo)[1]. Quem gravou foi o ator Pinto Colvig, que dublava o Pateta no cinema. Ele viajava pelo país vestido de palhaço para promover o disco e foi parar na TV em 1949. Larry Harmon, que interpretou o palhaço no início da década de 1950, comprou seus direitos autorais e passou a comercializá-lo como franquia em diferentes emissoras do mundo inteiro. Harmon modernizou ainda o estilo do personagem, incluindo o figurino, a maquiagem e o inconfundível corte de cabelo. Nos Estados Unidos, um dos atores que viveram Bozo na TV, Willard Scott, foi contratado pelo McDonald's para criar um garoto-propaganda da empresa, dando origem a Ronald McDonald – qualquer semelhança não é mera coincidência, então.

Silvio Santos notou o potencial do personagem em 1980 e trouxe para o Brasil a franquia, que logo se tornou um sucesso no início da década. Apesar do encerramento do

1. BORTOLOTI, M. Bozo: a história real por trás do mito. *Superinteressante*, 25 ago. 2017. Disponível em: https://super.abril.com.br/sociedade/bozo-a-historia-real-por-tras-do-mito. Acesso em: out. 2023.

programa semanal do Bozo por aqui após essa primeira temporada, Luis Ricardo foi chamado para continuar a interpretar o palhaço. Porém, em vez de apresentar os números circenses, deveria interagir pelo telefone com as crianças.

Viu ali uma oportunidade de crescer ainda mais na TV. Antes de iniciar as gravações das interações com o telespectador mirim, Guzzo logo avisou: "É ao vivo, ok?". Ao que Luis prontamente retrucou: "Sem problemas, o espetáculo que faço no circo todos os dias também é". E assim, na primeira cena, ele deu o seu melhor, gritando a plenos pulmões.

Quando entraram os comerciais, o diretor que acompanhava tudo da sala de vídeo de frente para o estúdio desceu para questionar o motivo de o novato estar falando tão alto. "Com meus botões, pensei: se para uma plateia de cem pessoas preciso gritar para ser ouvido, imagina para o Brasil inteiro", conta Luis, achando graça da sua ingenuidade naquele tempo.

1983

Depois desse "período de experiência" de Luis Ricardo, Silvio Santos resolveu retomar o programa do Bozo, no qual o ator finalmente estreou como um dos protagonistas, em 1983[2]. Luis foi responsável por "abrasileirar" o personagem,

2. Almanaque SBT, 35 anos. São Paulo: On line Editora, 2016.

cativando ainda mais o público. "Um dos atores que faziam o palhaço nos Estados Unidos veio até São Paulo para nos ensinar a interpretá-lo. Mas quando o Silvio pediu minha opinião, fui sincero. Quando eu era jovem e não tinha muito a perder, era mais ousado também (risos). Falei então que aquele tipo de humor não tinha nada a ver com o nosso. Ele mandou eu seguir meus instintos, e assim fiz", relembra.

O ator que veio ao Brasil foi o filho de Larry Harmon, a fim de ensinar a risada (Hi Hi Há Há), as expressões corporais... Como esquecer os bordões "Dá uma bitoca no meu nariz!", para se despedir de cada participante das brincadeiras, e "Ah, que peninha!", quando alguém levava a pior nas competições, repetidos todos os dias no programa? E, claro, o nome e sobrenome que o palhaço recebeu por aqui, Bozo Bozoca Nariz de Pipoca. "O Bozo sempre tratou a sua plateia de igual para igual, sem mimimi. Foi por isso que deu certo e conquistou crianças de todas as idades, dos dois aos noventa anos, o que era inédito até então", acredita.

Foi do Silvio Santos também a ideia de criar o quadro Bozo Memória, em que os participantes brincavam de jogo da memória pelo telefone, sendo que as peças eram os personagens dos desenhos animados apresentados no programa. Aliás, Silvio Santos ligava para Luis Ricardo de um telefone fixo que ficava na maquiagem da TVS, na Vila Guilherme. Uma pessoa atendia e falava: "O Patrão no telefone". O sapato do Bozo estralava no chão para chegar rápido no camarim. "Oi, Luis, por que você está..." Daí vinha uma lista: "Por que você gaguejou? Por que você está rouco? Por que você está para baixo?". A princípio Luis negava e, como sentia que era uma preocupação dele, sempre falava: "Pode ver o próximo bloco, que eu vou mudar".

Teve um dia em que Silvio ligou e disse: "Luis, eu tenho um brinquedo da minha filha, a de número 5, que assistiu, não a de número 4... eu tenho esse brinquedo aqui e tô mandando aí para fazer outra brincadeira, para não ficar só no Bozo Memória". Nascia no programa a famosa Bozo Corrida.

A pista chegou, do tamanho de um teclado de um computador; era pequena demais, mas assim foi feito, a pedido do patrão. Os cavalinhos apostavam corrida. As crianças apostavam no branco, preto ou malhado. Foi um sucesso!

"Em cada ligação que Silvio Santos fazia para o telefone do camarim, eu nunca sabia se era uma ideia, um elogio ou uma bronca. Meu coração ia para a boca. E a voz do Silvio ao telefone é inconfundível."

Silvio assistia em casa, do seu escritório. A primeira vez que Silvio ligou era antes da sete horas da manhã, a telefonista da TVS não acreditou que era ele falando e desligou. A secretária do Silvio Santos, a Zilda, precisou ligar para a TV e avisar que era, sim, o patrão no telefone.

"Silvio percebeu que eu sempre estava rouco e descobriu que eu tinha alergia à maquiagem branca. Ele trouxe dos EUA uma maquiagem especial e guardava na sua casa, 'para ninguém gastar na TV'. Quando eu via a maquiagem acabando, sabia que era hora de ir à casa do Silvio Santos buscar. Meu medo era chegar lá, levar bronca e ser mandado embora."

A responsabilidade era gigante! Imagine, Luis tinha tirado os pais do circo, então jamais poderia ficar sem o trabalho. A falta de experiência não o deixava perceber o sucesso que o Bozo fazia. A primeira vez que ele notou o sucesso do Bozo foi quando decidiram fazer um show num ginásio e não coube a quantidade de pessoas que chegaram. O segundo precisou ser num estádio.

Nessa hora Luis Ricardo começou a ver caindo as fichas de quanto aquilo estava sendo o que chamamos de sucesso. Não raro, as linhas telefônicas da Telesp, empresa paulista de telecomunicações, caíam por conta das inúmeras ligações que o Bozo recebia. Luis Ricardo chegou a gravar uma mensagem na secretária eletrônica para mitigar o congestionamento das linhas.

O programa também exibia o próprio desenho do Bozo, sempre como herói – além dos desenhos que se tornaram clássicos, como *Tom e Jerry*, *Pica-Pau*, *Popeye*, o live-action *Spectroman* e uma série que se transformaria em um dos maiores sucessos do canal, *Chaves*. Não é à toa, portanto, que o programa foi líder de audiência por anos a fio.

Sem perder o encanto

Muita gente não sabe, mas diversos atores interpretaram Bozo no período em que o programa ficou no ar no Brasil. Os atores eram incentivados a não revelar suas identidades, para não acabar com o encanto das crianças. "Como você chama o Papai Noel? De Papai Noel ou pelo nome do ator que o representa? É assim também com o Bozo. Nós somos os artistas, ele é a estrela", justifica Luis Ricardo.

Tão logo assumiu o lugar de Wandeko, o programa que animava as manhãs das crianças foi ganhando mais espaço no coração dos pequenos – o que se converteu em mais espaço na grade do canal.

1986

A partir de 1986, o programa passou a ser exibido à tarde também[3]. Por conta disso, Luis Ricardo desenvolveu um calo nas cordas vocais – nome dado a formações benignas resultantes do esforço excessivo da voz. A saída foi contratar outros atores para revezar o papel. O próprio Luis participou da procura e de testes dos atores em São Paulo.

3. Almanaque SBT, 35 anos. São Paulo: On line Editora, 2016.

Entre os intérpretes, além de Wandeko Pipoca e outros atores, dos quais já falei no capítulo anterior, viveram o papel de Bozo Charles Myara e Nanni Souza, no Rio de Janeiro; Evandro Antunes, em Minas Gerais; Cau Alves, na Bahia; e Décio Roberto, Marcos Pajé e Edilson Oliveira (que depois deu vida ao Chiquinho, personagem dos programas infantis da Eliana, na Record), em São Paulo. Em seus primórdios, o programa era gravado em mais de um estado e distribuído entre as retransmissoras da antiga TVS. Até que a produção foi centralizada em São Paulo, após a criação do SBT.

Algumas reportagens na mídia enfatizam uma possível competição e até mesmo brigas entre os intérpretes. No início da carreira, de fato, Luis Ricardo se desentendeu com um dos intérpretes – cujo nome ele se recusa a falar, por educação. "Ele me provocou, e eu reagi com um soco. Nem entendi direito o motivo, mas recentemente um amigo me contou que era por causa de uma ex-namorada dele que se interessou por mim. Nós dois estávamos vestidos e maquiados, imagina a cena. Mas eu sabia que tinha agido errado ao responder com violência, então fui até o Luciano Callegari, o diretor que na época era o nosso Boni, e pedi demissão na mesma hora", recorda-se Luis. Callegari não acatou o pedido. Em vez disso, investigou o caso com os maquiadores que testemunharam a discussão.

"Como o outro iniciou a briga, ele foi suspenso por quarenta dias. O meu castigo foi ter de cobri-lo nesse intervalo", completa. Ou seja, os dois saíram perdendo.

Luis Ricardo contando essa história no podcast *Ticaracaticast*.

Hoje, entretanto, ele prefere destacar o legado desses artistas que eternizaram o palhaço na memória das crianças da década de 1980, um período mais inocente e puro, na percepção de Luis. "A gente marcou uma geração", conclui.

Para sorte de todas as crianças (e dos adultos também), a promessa de nunca mais se vestir de Bozo foi esquecida. O (quase) fatídico acidente de balão, antes mesmo de estrear na TV, não foi o suficiente para afastá-lo de seu destino. Luis Ricardo honrou a fantasia por quase uma década, tornando-se o Bozo mais longevo do país, e o mais lembrado também.

CAPÍTULO 3

Com uma nota, maestro, qual é a música?

“A MÚSICA PODE MUDAR O MUNDO PORQUE PODE MUDAR AS PESSOAS.”

Bono Vox

1983

Antes de se tornar um dos jurados do icônico *Show de Calouros*, atração que encerrava o *Programa Silvio Santos* aos domingos no SBT, ele também esteve do outro lado, com o microfone. Há cerca de quarenta anos[4], a grade dos poucos canais de TV que existiam era dominada pelos programas de auditório. As atrações consistiam em musicais, concursos de calouros e gincanas entre o público – os prêmios não poderiam faltar, é claro. Um formato que, com variações, ainda está no ar até os dias de hoje. Esses programas eram vitrines para artistas já consagrados, assim como para os que sonhavam com a fama.

Quando ainda era artista de circo, Luis Ricardo participou como calouro do *Clube do Bolinha*, programa de auditório exibido pela Rede Bandeirantes nos sábados à tarde. O nome remetia ao popular apresentador Édson Cury, o Bolinha, que esteve no ar por duas décadas (1974–1994).

Luis Ricardo também abriu a voz no *Programa Carlos Aguiar*, da TV Gazeta, comandado pelo famoso comunicador entre

4. CASTRO, T. De Chacrinha a Carlos Aguiar. *Notícias da TV*, 19 maio 2019. Disponível em: https://noticiasdatv.uol.com.br/noticia/televisao/de-chacrinha-a-carlos-aguiar-ha-40-anos-tv-era-dominada-por-shows-de-auditorio-26884. Acesso em: out. 2023.

os anos 1960 e 1980. O fato de ter se destacado como calouro nos dois programas, que eram líderes de audiência naquele tempo, comprovou que ele tinha talento para a TV. Provavelmente não sabia, mas já estava no caminho certo.

Depois de gravar um álbum com duas músicas para a trilha sonora da novela *Sombras do Passado*, incluindo o tema de abertura, em 1983, o jovem artista continuou no comando do *Programa do Bozo*. Mas também participava esporadicamente de algumas atrações de auditório, onde se apresentava como cantor.

Paralelamente, fez parte da *Caravana Viva a Noite*, do Gugu, uma espécie de festival de música conduzido por Gugu Liberato pelo país, com duplas sertanejas e bandas. Deste último, Luis Ricardo recorda-se com admiração: "O Gugu tinha um caráter bom demais. Nunca teve receio de dar espaço a outros artistas em seus programas. Pelo contrário, um de seus diferenciais foi servir de escada para todos".

1989

A guerra de nervos

Luis Ricardo estava gravando mais um *Programa do Bozo* no Teatro Silvio Santos, antigo estúdio do SBT localizado na Vila Guilherme, Zona Norte de São Paulo. Na época, uma das atrações de maior sucesso da casa era o *Qual é a Música?*, apresentado por Silvio Santos. Os artistas convidados eram divididos em dois grupos, de homens *versus* mulheres, banda *versus* banda ou apenas um artista contra outro.

Para provar seus conhecimentos musicais, eles tinham de adivinhar o maior número possível de músicas. Era preciso decifrar títulos, trechos e nomes dos cantores das canções interpretadas pela orquestra do saudoso maestro Zezinho (1932–2010). Nas últimas versões do *Qual é a Música?*, já no início dos anos 2000, até mesmo videoclipes entravam no jogo.

A plateia também participava, como era praxe nos programas de auditório. Não só na torcida, já que cada lado do auditório apoiava um dos artistas, mas também na interpretação de músicas. Um dos jogos consistia em sortear uma palavra e pedir ao público para cantar uma canção em que a palavra fizesse parte da letra. Dentre as inúmeras brincadeiras, porém, a que mais se comenta até hoje era aquela em que o artista tinha de responder qual era a música após ouvir uma charada e apenas algumas notas musicais.

Mas, voltando àquela tarde na Vila Guilherme, um artista convidado do *Qual é a Música?* faltou à gravação. "Chama lá o Luis Ricardo, veio a ordem lá de cima. 'Ah, mas ele está gravando o Bozo', responderam. 'Manda tirar a maquiagem e vir correndo, então'. E lá fui eu substituir o tal cantor. Afinal de contas, já era habituado a 'tapar buracos' por causa do meu histórico no circo", diverte-se.

Além de ficar animado com a nova oportunidade, ele estava de olho no prêmio principal: o artista que vencesse a competição por nove semanas ganhava uma viagem para o exterior, e ele nunca tinha saído do país. Como Luis Ricardo gosta muito de música, não teve para ninguém.

Superou a Gretchen, a Ângela Maria e tantos outros nomes… Venceu as primeiras oito semanas. O novato começou a chamar a atenção, e as más línguas disseram que era sorte de principiante – quem me acompanha sabe que nem acredito nisso, pois sorte a gente constrói. Outras línguas, ainda piores, disseram que ele estava subornando a equipe. O fato é que isso de alguma forma chamou a atenção da direção, que achou melhor trazer um concorrente mais forte para tornar a disputa mais animada.

O escolhido foi Wagner Montes (1954–2019). Além de radialista e apresentador de TV, Wagner já trabalhava como jurado do *Show de Calouros*. Não é de estranhar que Luis Ricardo, por nervosismo, tenha ficado intimidado. Ele perdeu no programa seguinte e foi desclassificado. "Não suportei a guerra de nervos", desabafa.

"Silvio Santos, vendo meu nervosismo, ao terminar o programa, disse: 'Wagner, você ganhou, mas isso não vai ficar assim. Você precisa sair do *Show de Calouros*, e o Luis Ricardo vai para o seu lugar'."

Como a cadeira de Wagner entre os jurados estaria vazia por algumas semanas, Luis foi indicado para ocupá-la. Talvez a diretoria tenha percebido que o seu apreço pela música era real, e não fofoca. Por isso, quando acabou a participação de Wagner Montes no *Qual é a Música?*, Luis Ricardo foi efetivado, e ambos passaram a ser colegas. "Mais tarde viramos também amigos. Quando ele começou a namorar a Sonia Lima, sua futura esposa, era eu quem ia buscá-la. Por alguma razão, a mãe da Sonia não gostava do Wagner. Então eu era incumbido de passar lá, para despistar", diz. E quem é que não gostaria de ter um genro boa-pinta e bom moço como Luis Ricardo, não é mesmo?

Luis Ricardo começou de maneira tímida ali, porém logo foi conquistando o Brasil com seu carisma. Acredito que o fato de ele próprio ter iniciado a carreira de cantor como calouro tenha trazido a compreensão, a empatia e a humildade necessárias para compor a lista dos jurados mais populares do Brasil.

Como cantor, além dos sucessos de Bozo, o artista chegou a gravar mais um álbum, em 1991. O disco incluía o hit "Namorada", cujo videoclipe teve a participação de sua namorada na época, Mariette, assistente de palco de Gugu Liberato. "Todo mundo achava que ela era namorada do Gugu, mas na verdade eles eram apenas bons amigos", conta Luis.

Seu último sucesso musical foi a canção "Ducktales: os caçadores de aventuras", tema de abertura do desenho homônimo da Disney no Brasil. Quem foi criança nesse tempo com certeza se lembra da letra em português ("Velhos castelos, belos duelos, Ducktales uh-uh") e do desenho, que foi um sucesso mundial – quem não é dessa época pode acessar o QR Code a seguir para conferir.

Escaneie o QR Code para conferir Luis Ricardo cantando.

"Eu estava gravando uma música do Bozo em um estúdio, quando vi que um desconhecido ficou por ali, do outro lado do 'aquário'", recorda-se Luis. "Acho que gostou do meu timbre de voz, porque no outro dia um produtor da Disney me ligou, disse que uma pessoa da sua equipe tinha me ouvido cantar e fez o convite", completa Luis, que até hoje fala desse trabalho com carinho, por ser um grande fã dos criadores de Mickey Mouse.

"Silvio Santos um dia me perguntou: 'Luis, quantos cantores existem no Brasil?'. Respondi que muitos, e então ele falou: 'E quantos apresentadores tem? Você precisa escolher qual caminho seguir'."

A carreira de Luis Ricardo como cantor durou poucos anos. É uma parte pequena, porém importante, de sua atuação na televisão. Olhando em perspectiva, noto que serviu de alavanca para colocá-lo em outro patamar, a fim de que pudesse encontrar a sua verdadeira vocação. Deus escreve certo por linhas tortas – quem sou eu para discordar? Mas é importante acrescentar também que Ele é o criador, e nós somos cocriadores da nossa realidade.

CAPÍTULO 4

Cuspindo fogo

“O METAL MAIS FORTE É FORJADO NO FOGO MAIS QUENTE.”

Ditado popular

2014

Uma fatalidade. É assim que Luis Ricardo descreve o acidente que sofreu no palco do *Programa do Ratinho*, no SBT, em 2014. Tudo ao vivo. Na ocasião, foi convidado por seu colega de emissora e amigo Ratinho para fazer uma performance de circo no palco, a fim de relembrar seus tempos de picadeiro.

Ele escolheu fazer um número de pirofagia, a arte de manipular o fogo. Um dos mais famosos envolve cuspir fogo, quase literalmente. Para executá-lo, o artista tem de colocar um líquido inflamável ou água na boca e esguichá-lo sobre duas hastes levemente embebidas com querosene, já com as pontas em chamas. Como consequência, formam-se labaredas, para alegria do público. Simples assim?

Apesar de arriscado, os artistas de circo, incluindo Luis Ricardo, costumam descrever o ato como simples mesmo. "Aprendi a fazer pirofagia por volta dos dez anos. Na época, minha mãe tinha uma apresentação de balé ao som da música 'Babalu', de Angela Maria, em que eu entrava no final para fazer o 'vulcão' (como é chamado o número pirotécnico). É perigoso, sim, mas, quando você domina a técnica, os riscos são controlados", conta. Os filhos e a esposa não queriam que ele fizesse o tal do vulcão. "'Por que não empilha pratos ou alguma coisa do tipo?', disseram. Mas eu insisti, queria impressionar", acrescenta.

Na hora da execução, o clima estava descontraído no palco, como de costume. Ratinho ainda fez o comentário habitual "não deixe as crianças fazerem isso em casa", que os apresentadores repetem em situações que envolvem perigo. Luis Ricardo colocou um pouco de querosene na boca e soprou a haste com chamas nas pontas.

A primeira labareda subiu pelo ar. Mas um vestígio do fogo percorreu o querosene que havia escorrido sobre seus lábios e pescoço. Desesperado, Luis Ricardo jogou as duas hastes no chão. Saiu correndo em direção aos fundos do cenário, pegando fogo, com Ratinho e os membros da produção atrás dele. O que deu errado, afinal?

Na avaliação de Luis, para começar, as hastes eram grossas demais para o número e estavam encharcadas. "Eu falei 'prepara duas hastezinhas, com um pedacinho de pano em cada ponta e um pouquinho de querosene'. Mas eles arranjaram um cabo de vassoura, parecia uma tocha de acender balão. E ainda por cima o cabo ficou mergulhado no líquido por tempo demais", diz. "Fiz a primeira labareda e deixei um pouco de querosene na boca para fazer a segunda. Quando a gente sopra para cima, é normal respingar um pouco de líquido na boca. Só que, como o cabo estava ensopado, caiu uma chama no meu queixo. Olhei para baixo e percebi que estava pegando fogo. Senti a pele repuxar", completa.

No entanto, ele também assume que errou. Ao observar os cabos de madeira com excesso do líquido inflamável, supôs que era arriscado e continuou mesmo assim. O show não pode parar, certo? Errado. No vídeo do programa, é possível notar como ele chacoalha os cabos com as chamas para baixo, na tentativa de escorrer um pouco do querosene. Poderia ter sido bem pior, porém. Quando notou que estava pegando fogo, Luis Ricardo sabia que tinha de agir rápido.

Cuspiu o restante do produto para longe e quase atingiu as pernas de Ratinho, que tentava socorrê-lo. Se houvesse puxado o ar, como o oxigênio tem o poder de alimentar a combustão, as chamas teriam se expandido pelo lado de dentro de sua boca. A essa altura, porém, elas já haviam atingido parte de seu rosto e pescoço.

Para não assustar a plateia e os telespectadores, Ratinho continuou no ar após os comerciais. Enquanto isso, Luis Ricardo era levado ao hospital. Chegando lá, o cirurgião plástico que o avaliou após os primeiros socorros foi categórico: ele teria de passar por um longo tratamento, que possivelmente envolveria um enxerto de pele no local queimado. O apresentador teve queimaduras de segundo e terceiro graus tanto no rosto quanto no pescoço. Ao ver pela primeira vez sua imagem no espelho, achou que ficaria deformado. "Minha carreira acabou", pensou.

O apresentador sabia, entretanto, que não era momento de desanimar. Como diz o Salmo 73, o meu corpo pode fraquejar, mas Deus é a força do meu coração. Então respondeu ao médico: "Não vou precisar de enxerto, não. Deus é bom e está do meu lado". Seis dias depois, ele recebeu alta. Continuou o tratamento em casa – e não foi necessário nenhum tipo de procedimento cirúrgico.

Uma semana após o incidente no *Programa do Ratinho*, como Silvio Santos estava viajando, Luis Ricardo foi chamado para apresentar a *Tele Sena*. Não achou que a convalescença fosse motivo para ficar em casa. Vestiu o terno habitual (que ele detesta, diga-se de passagem, mas usa por insistência da produção) e trabalhou normalmente.

A maquiagem e os botões fechados até o colarinho ajudaram a disfarçar as marcas no rosto e o curativo que ainda tinha no pescoço. Tempos depois também voltou ao *Programa do Ratinho*, para agradecer aos fãs pela torcida e ao apresentador e amigo pelo carinho durante sua passagem pelo hospital.

Hoje em dia, a pele abaixo do queixo apresenta uma coloração branca, característica comum em pacientes que sofreram queimaduras graves. De resto, tudo se regenerou. Quem vê as fotos do período em que esteve internado, as quais não foram divulgadas ao público, fica impressionado. Tanto pelas imagens quanto pela ausência de sequelas. Tal qual a fênix, ave mitológica que tem o dom de renascer das próprias cinzas, Luis Ricardo ganhou uma nova chance.

O episódio foi destaque em vários veículos de comunicação. Muitas mensagens positivas chegaram até ele. "Senti que o Brasil inteiro orou por mim", diz, agradecido. Por isso, não guarda rancor, nem culpa ninguém pelo acidente. Já consegue até mesmo fazer piada, dizendo que passou por um "*peeling* ao vivo" toda vez que repete essa história. Aliás, ainda hoje, não há uma entrevista em que o assunto não apareça. Cuspir fogo no sentido literal Luis aprendeu cedo, no circo. Mas cuspir fogo no sentido figurado não é com ele.

A meu ver, as palavras positivas ditas por Luis Ricardo a seu médico no hospital foram o início de seu tratamento. Porque a fala é uma representação do que a gente pensa, sente, vibra e, por fim, atrai. A fé gera a ação, e a ação leva ao milagre. Para Deus, não importa quantas vezes a gente cai, e sim quantas vezes quer levantar – ou, nesse caso, renascer.

CAPÍTULO 5

Tomei coragem e escrevi uma carta para o Silvio Santos

“MUDAM-SE OS
TEMPOS, MUDAM-SE
AS VONTADES,

MUDA-SE O SER,
MUDA-SE A CONFIANÇA;

TODO O MUNDO É
COMPOSTO DE MUDANÇA,

TOMANDO SEMPRE
NOVAS QUALIDADES.”

Camões

1995

Depois de onze anos de casa, Luis Ricardo sentiu vontade de bater as asas. O SBT tinha sido seu primeiro emprego de carteira assinada. Embora já fosse um artista com certa experiência quando estreou na televisão, por conta da passagem pelo circo de sua família, foi ali que aprimorou suas habilidades profissionais.

A oportunidade de fazer carreira na TV em um dos maiores canais do país seria o sonho de qualquer estreante, tanto naquela época quanto atualmente. Até então, já havia passado pelo *Domingo no Parque, Programa do Bozo, Qual é a Música?, Show de Calouros, Tentação, Tele Sena* e *Baú da Felicidade*, entre tantos outros – e era sempre a primeira opção para substituir Silvio Santos quando o patrão estava de férias. Mas sentia que poderia crescer ainda mais. Por isso, não foi uma decisão fácil.

Uma das razões que o impulsionaram a levar sua ideia adiante foi ter ficado um tempo "encostado" sem nenhuma explicação. O motivo? Até hoje não sabe ao certo. "Desconfio que surgiu alguma fofoca a meu respeito, por eu sempre ter me destacado na cobertura do patrão em sua ausência, algo que sempre fiz com orgulho. Nunca descobri, entretanto. Só sei que, depois de ficar sete meses na 'geladeira', resolvi pedir as contas", lamenta Luis Ricardo. Nesse período, embora estivesse sem trabalhar, continuou a receber salário. "Mas ficar parado nunca fez o meu estilo, eu gosto de desafios", explica.

A esposa, Zahie, percebeu o quanto isso estava deixando o artista insatisfeito na época. Então, quando soube que ele tinha outros planos, foi a primeira a apoiá-lo. "A gente morava na Casa Verde e tinha se tornado pais há pouco tempo. O Júnior era ainda um bebê de colo. Mas ela não hesitou em me dar carta branca", recorda-se.

Foi por meio de uma carta, aliás, que Luis Ricardo abriu seu coração e expôs a sua vontade ao patrão. Disse que não tinha convite de nenhuma emissora, estava saindo apenas porque sonhava em voltar ao circo. Pediu a um diretor que era seu amigo para entregá-la em mãos. Não é que tivesse vergonha de entregá-la pessoalmente, e sim respeito. "Era e ainda é uma admiração de filho para pai, sabe? E, claro, acompanhada de um grande receio de decepcioná-lo", afirma.

O contrato venceu, e a resposta não veio. Luis Ricardo sentiu que era chegada a hora mesmo de mudar.

"Depois de onze anos, ainda me perguntava se a TV e aquilo tudo eram mesmo para mim", diz. Um questionamento que demonstra coragem. Porque a gente só cresce quando abre espaço para o novo. Quem quer prosperar, seja na vida pessoal ou na profissional, não pode se apegar demais a nada. É preciso entender que tudo na vida é temporário – coisas, pessoas e até mesmo o nosso corpo.

A sua ideia era aproveitar todo o conhecimento que acumulara até então para criar um circo-teatro. Mas, em vez do picadeiro com espetáculo tradicional, um ambiente para receber grandes companhias e viajar pelo país, com espaço para até quinhentas pessoas na plateia. "O projeto era lindo. Já estava com viagem marcada para a Itália para comprar uma lona especial e tudo", afirma. No entanto, um telefonema inusitado mudaria o rumo dessa história.

Dei um fora na Marlene Mattos

Uns meses depois, a diretora de TV Marlene Mattos entrou em contato com Luis Ricardo. Na época, ela ainda trabalhava com a Xuxa na Rede Globo. "Eu estava no meu escritório, quando o telefone tocou. Do outro lado, uma pessoa me disse que era a Marlene Mattos. 'É o Luix Ricarrdo?', ela me perguntou com aquele sotaque carioca. Achei que era trote, mandei ela se ferrar e bati o aparelho na cara dela. Ela insistiu, e eu desliguei duas, três vezes..." Não contente, a diretora enviou um fax para o escritório de Luis Ricardo. Ao ver o papel com o logotipo da Xuxa Produções, ele pensou que poderia ser ela, de fato.

Finalmente conversaram pelo telefone. "Logo de cara, ela disse que soube que eu estava deixando o SBT e perguntou como eu tinha tido coragem de deixar meu 'pai'. Respondi que talvez aquele negócio de TV não fosse mais para mim, era um meio estranho e eu queria voltar ao circo. Então ela me fez uma oferta de trabalho", diz.

A proposta era para Luis Ricardo participar das vendas do *Papa Tudo* na televisão, antigo título de capitalização anunciado pela TV Globo que era concorrente direto da *Tele Sena*. Ela completou: "O César Filho apresenta, e a Xuxa faz as entregas das ambulâncias, mas eu preciso de um cara popular, como você, para vender. Eu tenho um bom time, agora falta alguém para marcar gol". Assim teve início uma nova parceria.

Luis Ricardo fala de Marlene Mattos com admiração. "Ela é uma pessoa muito exigente e fora da curva no quesito profissional. Aprendi muito com ela", afirma.

2023

Quando a série *Xuxa, o documentário* foi lançada, em 2023, ele ouviu muita gente criticar a diretora. Mas não tomou nenhum dos lados. "Nessa briga, prefiro ser neutro. Acho que cada uma delas tem a sua parcela de culpa. A Xuxa porque era muito jovem, se entregou totalmente ao trabalho. Já a Marlene, preocupada demais com a imagem da sua pupila, talvez tenha exagerado no controle. A Xuxa foi a filha que a Marlene não teve", acredita.

Ele vê com bons olhos a atenção que a diretora dedicou à apresentadora por tantas décadas, nos bastidores, sem questão de aparecer. Tudo para que a artista brilhasse em frente às câmeras. Considera que não teve a mesma sorte com seus assessores, pois muitas das pessoas que cruzaram seu caminho com o intuito de ajudá-lo, de modo geral, queriam estar na mesma posição que ele. "Tive excelentes mentores, como falei. Como Silvio Santos e Valentino Guzzo, que já citei aqui. E Deus, em primeiro lugar sempre. No mais, sempre foi Luis por Luis. Sei que tenho minha família me apoiando, mas às vezes me sinto sozinho."

Luis cita um episódio em especial de um cliente no Guarujá, no litoral paulista, alguns anos atrás. Era apresentador e cantor em diversos eventos, até mesmo festas juninas. Então, percebeu que os convites e trabalhos foram escasseando. Em vez de pedir ao seu empresário na época para descobrir o motivo, ele próprio resolveu ligar para o dono da empresa. "Ele disse que não tinha como fornecer o helicóptero e o hotel cinco estrelas que eu estava exigindo. Imagina, logo eu, que não tenho esse tipo de frescura", contesta.

Por conta desse mal-entendido, Luis sentiu que algumas portas se fecharam. Resolveu que, a partir dali, ele próprio se tornaria o dono de seus negócios, com a ajuda de Zahie, sua esposa. "Sei que assim posso perder alguns trabalhos. Mas pelo menos não perco a minha reputação", justifica.

Mudar faz bem! Será?

Fugir da imagem estereotipada das estrelas sempre foi uma prioridade em sua carreira. Luis fica incomodado ao ouvir "nossa, você mudou" com a intenção de ofendê-lo. No entanto, gostaria de repetir: mudar faz bem. Embora essa frase muitas vezes seja usada em um contexto negativo, virar a página e encerrar ciclos são parte do nosso processo de evolução. Recalcular a rota também.

1988

A passagem pela Globo durou dois anos. Foi encerrada porque a empresa responsável pelo título de capitalização em questão, embora lucrativa, passou por problemas administrativos e deu calote[5] em muita gente. Até mesmo nos vencedores dos prêmios. Mas, uma vez que os apresentadores não tinham nada a ver com isso, Luis Ricardo diz que a experiência foi um aprendizado. Para o artista, a principal diferença entre a Globo e o SBT está no clima familiar. "Muita gente diz que os negócios familiares são problemáticos. No caso do SBT, fui acolhido e cobrado como em outra empresa qualquer. No entanto, ali tem coração. A emissora foi criada pelo Silvio e hoje está sendo passada para as mãos das filhas, com as mesmas

5. TREVISAN, C. Papa Tudo dá calote de R$ 218 milhões. *Folha de São Paulo*, 7 dez. 1998. Disponível em: https://www1.folha.uol.com.br/fsp/brasil/fc07129812.htm. Acesso em: nov. 2023.

características. Elas estão mantendo esse sentimento de família – o que, na minha opinião, não tem preço", acredita.

Após deixar o *Papa Tudo*, Luis Ricardo ficou dois anos fora do ar. Desistiu do projeto do circo, à medida que convites de outras emissoras começaram a pipocar. Foi procurado por Record, Band e Rede TV em momentos distintos. Nas três esteve prestes a assinar os contratos, que não foram adiante por diferentes razões. "Eu não estava triste por estar fora do ar, e sim por estar sem trabalho", diz. O período coincidiu com a segunda gravidez de Zahie e a chegada da filha Mayara. "Foram anos de muita luta, mas também de muita perseverança", completa.

Até que uma pessoa enviada pelo SBT, a pedido do próprio Silvio Santos, foi até sua casa para convidá-lo a retornar à emissora. O convite chegou no momento certo. Luis aceitou e está no SBT até o fechamento desta obra.

"Duas coisas acho que nunca vou saber: a primeira me deixa muito em dúvida, não sei se o Silvio Santos leu a carta que escrevi. A pessoa a quem entreguei a carta disse que deixaria no camarim dele. Do fundo do meu coração, até hoje não sei se o Silvio Santos leu essa minha carta explicando minha saída do SBT. A segunda coisa é que acho que existe uma mágoa por parte dele, não sei, e acho que nunca vou saber."

CAPÍTULO 6

Bicho é melhor do que gente

"HAVERÁ UM DIA
EM QUE OS HOMENS
CONHECERÃO O
ÍNTIMO DOS ANIMAIS,
E, NESSE DIA, UM
CRIME CONTRA
UM ANIMAL SERÁ
CONSIDERADO UM
CRIME CONTRA A
HUMANIDADE."

Leonardo Da Vinci

Luis Ricardo (de camisa rosa) na gravação do filme *O Jeca e a égua milagrosa*, de Mazzaropi (1980).

Crachá TV SBT, 1982.

Luis Ricardo, 1983.

Show de Calouros com Silvio Santos, 1983.

Qual é a Música, 1985.

Show de Calouros, 1985.

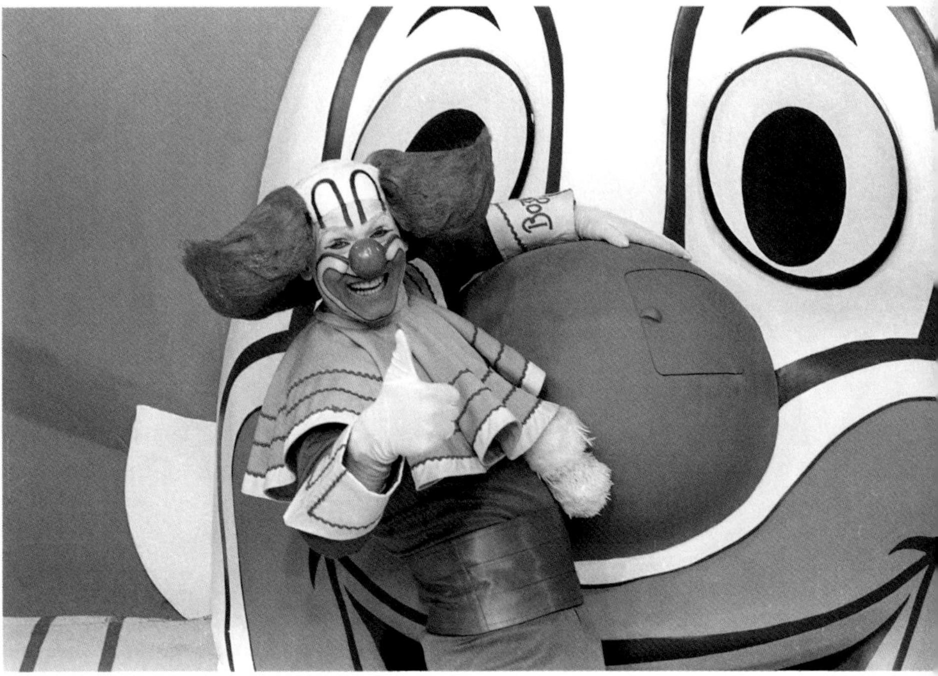

Bozo, 1986.

TV Powww, 1985.

Mara Maravilha e Bozo, 1986.

Show de Calouros, 1987.

Parada Branca de Neve com Mariette, 1987.

Show de Calouros com Flor, 1987.

Bozo, 1987.

Bozo, 1988.

Vinheta *Quem Procura Acha Aqui*, com Jô Soares, 1988.

Bozo com Gibe (O Papai Papudo), 1989.

Bozo, 1989.

Qual é a Música, 1989.

Programa *Viva a Noite*, com Gugu e o pai de Luis, o Palhaço Xuxu, em 1989.

Programa *Viva a Noite*, 1989.

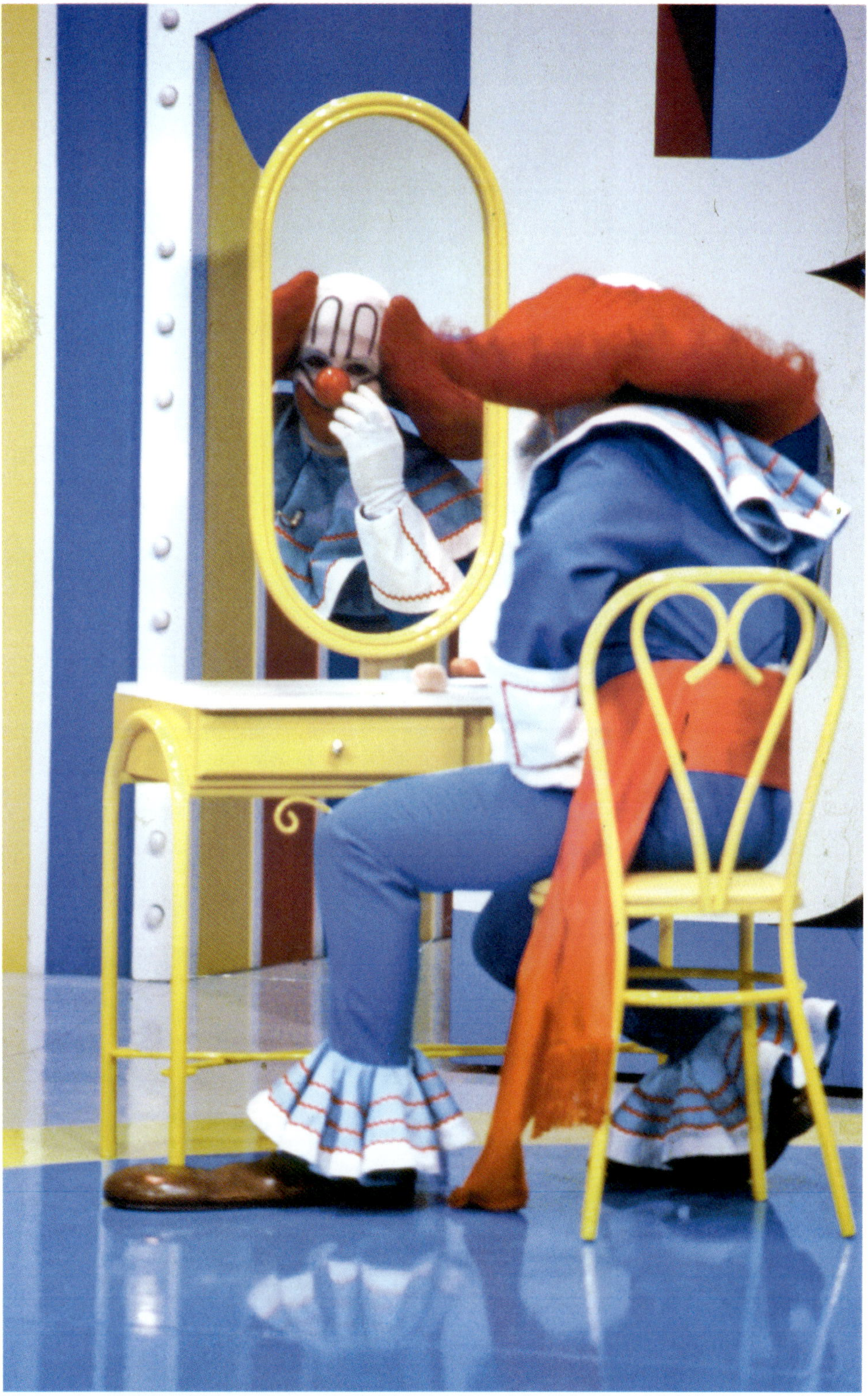

Bozo, 1989.

Programa *Viva a Noite*, 1989.

Show Maravilha, 1990.

Luis Ricardo e esposa, Zahie, 1990.

Luis Ricardo, 1990.

Luis Ricardo, 1990.

A Felicidade Bate a Sua Porta, 1990.

Qual é a Música, 1991.

A Felicidade Bate a Sua Porta, 1992.

A Felicidade Bate a Sua Porta, 1992.

Vinheta *Aqui Tem* (SBT) com Gugu e Boris Casoy, 1992.

Vinheta *Aqui Tem* (SBT) com Vovó Mafalda (Valentino Guzzo), 1992.

Teleton, com Celso Portiolli, Adriane Galisteu e Hebe Camargo, 2001.

Qual é a Música, 1999.

Bastidores do programa *Tentação* com Liminha, 1994.

Gol Show, 2002.

Programa *Domingo Legal* com Gugu, 2006.

Teleton com Raul Gil, 2014.

Sorteio da Tele Sena, 2017.

Bastidores, Roque e Luis Ricardo, 2019.

Programa *Roda Roda* com Patricia Abravanel, 2021.

Programa *Eliana*, SBT, 2023.

Bastidores do SBT com Silvio Santos, 2021.

Cena icônica com Silvio Santos, 2022.

Luis Ricardo com Silvio Santos, 2022

Programa Silvio Santos com Patricia Abravanel, 2023.

William Sanches, autor do livro em encontro com Bozo.

Franco Alves Monteiro, o Palhaço Xuxu.

Registro raro de Luis Ricardo e seu pai em um momento familiar.

Cena rara – Luis Ricardo encontra a criança que viralizou na internet chorando no colo do Bozo.

Luis Ricardo com microfone icônico do Patrão.

Zahie e Luis Ricardo.

Com sua esposa, Zahie, em 2006.

Luis Ricardo com sua mãe, Marli.

Com a esposa, Zahie, e os filhos, Júnior e Mayara.

1973

A vida no circo costuma aguçar a fantasia de muita gente ainda hoje. No cinema, inúmeras obras de sucesso retrataram esse universo, com suas dores e delícias. Desde *O maior espetáculo da Terra* (1957), o clássico do diretor Cecil B. DeMille com Charlton Heston, até *O rei do show* (2017), com o ator Hugh Jackman no papel de um *showman* que monta uma atração com as populares bizarrices circenses de antigamente.

E como esquecer do melancólico *O palhaço* (2011), dirigido e estrelado por Selton Mello? A verdade é que, como mostram esses e tantos outros filmes, falta glamour e sobra perrengue no dia a dia nos arredores do picadeiro.

Um dos maiores desafios enfrentados por Luis Ricardo na infância foram os estudos. Como estava sempre de um lado para outro por conta da vida nômade, mudando de bairro e de cidade frequentemente, a família tinha dificuldade de encontrar escolas que o aceitassem. O menino, por sua vez, tinha dificuldade de acompanhar as disciplinas. "A situação melhorou quando meu pai comprou um terreno para construir uma casa no Jardim Consórcio, na Zona Sul de São Paulo. Lá fui matriculado na Escola Municipal de Ensino Fundamental (EMEF) Conde Pereira Carneiro", recorda-se.

Na instituição, que existe até hoje, Luis pôde finalmente concluir o ensino fundamental, que na época era chamado de 1° grau.

Diante de tantos obstáculos, entretanto, ele desistiu de levar os estudos adiante após essa fase. Mas guarda boas lembranças da época, como as vezes em que pegava o caminhão do circo escondido para passear com os amigos.

Não é que os filhos dos artistas estivessem à margem do sistema. A Lei n° 6.533, que assegura uma vaga na escola a filhos de pais itinerantes, é antiga, data de maio de 1978. Ao que tudo indica, entretanto, o processo de inclusão escolar dessas crianças se tornou mais fácil desde então[6]. E é claro que essa não foi a única mudança de impacto no circo de lá para cá.

1975

A jaula está vazia! Cadê as leoas?

Por séculos, as grandes estrelas dos espetáculos circenses, sem dúvida, eram os animais selvagens e de grande porte. Tudo começou em 1833, com o treinador norte-americano

6. BORGES, N. Como é a vida escolar dos filhos dos artistas circenses. *GAZ*, 1° set. 2017. Disponível em: https://www.gaz.com.br/como-e-a-vida-escolar-dos-filhos-de-artistas-circenses/. Acesso em: dez. 2023.

Isaac A. Van Amburgh, que, por sua destreza com os felinos, ficou conhecido como o Rei Leão.

Há até pouco tempo, multidões lotavam os shows para apreciar a beleza, o exotismo e a inteligência dos bichos. Por essa razão, Luis Ricardo cresceu rodeado de leões, ursos, chimpanzés e até mesmo um elefante – pelos quais sempre teve o maior respeito, principalmente depois que se tornou domador. Até porque, se não for dessa forma, você corre risco de morte.

Em seus anos como domador, Luis Ricardo fazia shows com as leoas Iara (a mais brava) e Nina, bem como com o leão Sansão. Um dos tratadores dos bichos, Pedro, adorava pregar peças. "Tinha mania de mentir que a Iara havia escapado, só para me ver correr para o trailer. Naquela época, como os bichos eram treinados com chicote, eles não gostavam dos domadores", conta. Até que um dia, ao ouvir que Iara e Nina haviam escapado, Luis Ricardo não acreditou. "Quando olhei para trás, elas vinham na minha direção. Só deu tempo de subir na lona do circo, foi uma correria", completa.

As leoas escaparam por uma cerca aberta e saíram pelo bairro – por coincidência, o circo estava assentado em um bairro chamado Jardim Tranquilidade. Entraram em uma vila típica de São Paulo, com uma rua estreita e casas geminadas dos dois lados. Uma dessas casas estava com a porta aberta, e elas entraram...

"Fomos atrás das duas em silêncio. Em um dos quartos da casa, havia um senhor de terno dormindo, com uma Bíblia sobre o peito. Enquanto uma das leoas perambulava pela cozinha, a outra foi até a cama e começou a lamber o rosto do homem", diz.

O homem abriu os olhos e viu Pedro e Luis Ricardo fazendo um gesto levando o dedo à boca, para ele permanecer calado. Enquanto isso, conseguiram chamar a atenção da leoa e levá-la à cozinha com sua companheira.

"O homem foi resgatado ainda com a Bíblia na mão. Ele era evangélico e havia adormecido lendo. Levantou-se tremendo feito vara verde. Trancamos as duas leoas na casa, e elas comeram tudo o que encontraram pela frente. A cama, o sofá, o sifão da pia...", afirma.

O homem depois relatou que, enquanto sentia seu rosto ser lambido, estava num sono profundo e sonhava com a passagem bíblica em que Daniel sobrevive aos leões. Como um homem de fé, viu ali ser realizado um grande milagre em sua vida, pois, se ele acordasse assustado ou gritasse, certamente seria atacado pelas leoas.

> *"O meu Deus enviou o seu anjo, e fechou a boca dos leões, para que não me fizessem dano, porque foi achada em mim inocência diante dele; e também contra ti, ó rei, não tenho cometido delito algum." (Dn 6:22)*

A polícia e o corpo de bombeiros chegaram para ajudar. Houve quem sugerisse que as leoas fossem baleadas, porém o pai de Luis, Xuxu, proibiu qualquer tipo de violência contra os animais e conseguiu evitar a tragédia. O muro da casa teve de ser quebrado para a jaula ser colocada pela equipe na porta. Elas foram atraídas com carne até o local. Por sorte, ninguém se machucou. "Hoje dou risada ao contar essa história. Mas foram momentos de tensão. A notícia se espalhou e saiu até na TV", lembra o artista. O sucesso foi tão grande que na semana seguinte a plateia do circo lotou.

Novos tempos

Nas últimas décadas, entretanto, a sociedade entendeu que animais selvagens merecem viver em liberdade. E que bom que o ser humano pôde perceber e evoluir com isso. A legislação felizmente acompanhou essa evolução. De acordo com a ONG Partido para os Animais, eles não podem ser usados como entretenimento nos circos em cerca de quarenta países, como Portugal, México, Índia e Suécia. Em outros, porém, como Brasil e Estados Unidos, a proibição varia conforme o estado.

"Antigamente, realizar shows com animais era uma questão de sobrevivência. Sem esse tipo de chamariz, a minha família provavelmente teria passado fome. Mas os tempos são outros. Concordo totalmente com essas mudanças", afirma Luis Ricardo.

O que não mudou, porém, foi o amor que ele sente pelos bichos de qualquer tipo. Já teve animais de estimação exóticos, como uma iguana e uma chinchila… e hoje tem dois buldogues franceses: Margot e Nala. "Eu disse que não queria mais bichos, paguei a língua. Elas são meus anjos da guarda e dormem na minha cama comigo", conta o "pai".

Dá para entender perfeitamente esse amor. Companheirismo, afeto e alegria são apenas alguns dos sentimentos mais puros que os animais oferecem, sem julgar nem cobrar nada em troca. Não faltam estudos que comprovem os benefícios que essa convivência traz aos humanos, principalmente à saúde mental[7]. "É um amor incondicional de verdade. Nos dias bons e ruins, estão sempre ali para te apoiar. Nem a nossa própria família é assim. Tem horas que prefiro bicho a gente", admite Luis Ricardo.

Apesar das transformações em relação à qualidade de vida das famílias circenses e à proibição do uso de animais selvagens nas apresentações, para ele, essa modernização também tem um lado ruim. "Os circos contemporâneos geralmente são mais teatrais e menos espontâneos, como o Cirque du Soleil, por exemplo. Não temos mais espetáculos raiz, como se costuma dizer", lamenta. Mesmo assim, ir ao circo ainda é um de seus programas de família preferidos. "Transmiti esse amor para minha mulher e meus filhos, eles

7. AUSTIN, D. Os animais de estimação realmente deixam as pessoas mais felizes e saudáveis? *National Geographic*, 25 set. 2023. Disponível em: https://www.nationalgeographicbrasil.com/ciencia/2023/09/os-animais-de-estimacao-realmente-deixam-as-pessoas-mais-felizes-e-saudaveis. Acesso em: dez. 2023.

também adoram aquele cheiro de serragem", brinca Luis Ricardo, referindo-se às raspas de madeira que forram a parte central do picadeiro dos circos tradicionais.

Toda essa devoção tem razão de ser, pois, além do amor e do respeito pelos animais, foi ali que ele formou o seu caráter. "Se a gente fazia sucesso em uma cidade, não era garantia de que seria bem recebido em outra. Então, quando hoje me perguntam 'Como vai ficar o seu ego quando você sair do ar?', respondo 'Igual'. Porque no picadeiro aprendi que altos e baixos são normais. Não pude terminar os estudos. Mas o circo foi a minha faculdade", conclui.

CAPÍTULO 7

Silvio Santos me usou!

“O QUE OPRIME O POBRE INSULTA AQUELE QUE O CRIOU, MAS O QUE SE COMPADECE DO NECESSITADO O HONRA.”

Provérbios 14:31

1989

O ano de 1988 estava chegando ao fim. Luis Ricardo, que era conhecido pelo país como jurado do *Show de Calouros*, foi convidado para apresentar o evento de Natal do Baú da Felicidade. Era uma festa fechada, para representantes nacionais do Baú, que aconteceria no recém-inaugurado Teatro Imprensa, do Grupo Silvio Santos.

Além de apresentar um sorteio para os convidados no palco, ele cantou e tocou bateria com o Trio Los Angeles, como já contamos, ao vivo. Por fim, divertiu-se como nunca. "Acho que perceberam que fiquei à vontade no palco. Porque, pouco tempo depois, com a criação do quadro *A Felicidade Bate à Sua Porta*, fui chamado para ser o apresentador", conta Luis Ricardo.

O quadro fazia parte do programa *Show de Prêmios*, oferecido pelo Baú da Felicidade e apresentado por Silvio Santos. O diferencial é que, enquanto Silvio comandava o programa dos estúdios do SBT, Luis Ricardo viajava pelo Brasil para sortear prêmios aos compradores do carnê do Baú da Felicidade. Para você ter uma ideia da popularidade da atração, a urna onde ficavam os cupons era a caçamba de um caminhão. "Os sorteios eram realizados nas praças centrais das cidades e reuniam quarenta, cinquenta mil pessoas", lembra Luis Ricardo.

Além dos prêmios, havia atrações musicais de artistas estreantes. Duplas como Gian e Giovani, Chrystian e Ralf, Leandro e Leonardo e Zezé di Camargo e Luciano passaram por ali em início de carreira. Se hoje eles são artistas consagrados e amados pelo público, na época a música sertaneja estava apenas despontando.

Recentemente, à apresentadora Patrícia Abravanel, Zezé di Camargo contou que a segunda aparição dos cantores em rede nacional foi nesse quadro. "Os programas de TV não conheciam a gente, achavam que não iríamos dar audiência nenhuma. Fomos então convidados para participar do *A Felicidade Bate à Sua Porta*, com Luis Ricardo, lá em Poços de Caldas (MG)", afirmou, em tom de agradecimento. "Os que já eram famosos não queriam cantar em cima de uma carreta. Mas veja só, a premiação virou um sucesso", brinca Luis.

Virou mesmo. Por conta disso, Silvio Santos decidiu fazer um teste com o artista. Certo dia, como estava indisposto, ordenou à produção que Luis Ricardo apresentasse o programa *Pião da Casa Própria*, também do Baú da Felicidade.

Uma tarefa e tanto, não apenas por substituir o patrão. Só para situar os mais novos: o Baú da Felicidade foi uma empresa criada em 1958 por Manuel de Nóbrega (humorista e pai do também humorista Carlos Alberto de Nóbrega) para vender presentes de Natal em prestações. Eles eram entregues em um baú de veludo, daí o nome. Silvio Santos comprou a empresa do amigo em 1963 e passou a oferecer mais produtos, como geladeiras, aparelhos de TV e jogos de panelas, que poderiam ser escolhidos nas lojas do Baú. Os fregueses que pagavam os boletos em dia ganhavam o direito de participar de sorteios de prêmios no SBT – sendo que, no principal, o freguês tinha de rodar um pião para concorrer a uma casa.

Atualmente a empresa se chama Baú da Felicidade Jequiti e está atrelada à marca de cosméticos homônima, também do Grupo Silvio Santos. Em suas idas e vindas, com diferentes nomes, o *Pião da Casa Própria* tornou-se um ícone da TV brasileira, e ainda hoje é o ponto alto do *Baú da Felicidade*. Você com certeza já ouviu a trilha sonora que toca quando o freguês roda o pião[8], que também faz sucesso em memes da internet. "Depois dessa experiência, passei a substituir o Silvio em outros programas e outros sorteios, como a Tele Sena. Tudo aconteceu meio por acaso. A felicidade bateu à minha porta, e eu abri", diz Luis Ricardo.

É Tele Sena! Eu vou ganhar na Tele Sena!

Mas não foi apenas a música do pião que se tornou um clássico do SBT. Todo mundo também conhece o jingle "É Tele, é Tele, é Tele, é Tele Sena! Eu vou ganhar na Tele Sena!", do título de capitalização mais famoso do Brasil. Criada em 1991, a Tele Sena pode ser adquirida nas casas lotéricas ou

8. Chama-se "Holiday For Strings", tocada pela orquestra de Henry Jarome.

nos Correios. O freguês tem direito a resgatar parte do valor em dinheiro após o período de vigência do título ou comprar um novo, com desconto, para continuar participando dos sorteios – motos, carros, dinheiro e, claro, casas estão entre os famosos brindes, que são sorteados ao vivo nos intervalos dos programas do SBT.

Por apresentar a premiação desde os seus primórdios, com o tempo Luis Ricardo acabou se transformando na "cara" da Tele Sena. "Merchandising é comigo mesmo. Não gosto de decorar nada, tudo flui de um jeito natural. Mas, para dar certo, você tem que conhecer bem e acreditar no seu produto. O popular 'vestir a camisa'."

O amigo Carlos Alberto de Nóbrega vai além: já disse em seu podcast *O Pod é Nosso!* que Luis Ricardo é o garoto-propaganda de todo o grupo Silvio Santos. "Fico feliz de ouvir isso, já que esse posto sempre foi do patrão."

QR Code do podcast com participação especial do Luis Ricardo.

"A credibilidade dos sorteios, seja a Tele Sena, seja o Pião, foi construída por ele próprio ao longo de sua trajetória como empresário e apresentador. Se eu sou um bom discípulo, é porque aprendi com o melhor", completa. Mas diz que garoto talvez seja exagero da parte do humorista, quem sabe "coroa-propaganda" fique mais adequado...

Nesse mesmo episódio do podcast, um internauta perguntou a Luis Ricardo qual foi a melhor experiência que ele já viveu com Silvio Santos. Como não poderia ser diferente, o garoto/coroa-propaganda lembra um episódio por ocasião da venda das lojas do Baú da Felicidade ao grupo Magazine Luiza, em 2011.

O negócio envolveu apenas os pontos de venda, sem o estoque. Os produtos foram levados para o antigo Teatro Silvio Santos. Coube a Luis Ricardo realizar o merchandising com o patrão em inserções nos programas. "Em um deles, estávamos anunciando um guarda-roupa enorme. O Silvio logo brincou que, pelo tamanho, seria perfeito para guardar o amante. Não contente, ele mesmo entrou no armário. Eu fechei a porta e disparei: você pode comprá-lo com ou sem o Silvio Santos, é pegar ou largar! (risos)", recorda-se.

Em poucos dias, filas enormes se formaram em frente ao teatro para comprar os produtos.

2019

Ele não se lembra, obviamente, de todos os prêmios entregues nas últimas décadas. Mas sempre tem aqueles que ficam na memória. Como o sorteio no programa *Pra Ganhar é Só Rodar*, em 2019, com a aposentada Josefina, de Aracaju (SE), que nunca tinha viajado de avião. Nos moldes do *Roda o Pião*, a atração consistia em girar não um, mas cinco piões com fotos de artistas da casa.

Por cinco vezes, ela sorteou o rosto da apresentadora Patrícia Abravanel e, como prêmio, levou para casa R$ 1 milhão. "Como sou de origem humilde, me emociono toda vez. Sei que esse dinheiro, mesmo que não seja o prêmio máximo, pode mudar a vida das pessoas. Sou grato a Deus por essa oportunidade", afirma Luis Ricardo.

Ele mesmo confessa que vez ou outra também compra cupons da Tele Sena para a família. Além de pedir aos filhos para checarem os números sorteados, gosta de presentear os cupons. Aprendeu com um antigo diretor do SBT, que uma vez ofereceu um cupom de presente de Natal a um porteiro da sede da Tele Sena. E não é que o rapaz foi contemplado com uma casa própria? "Já pensei muito sobre qual seria a minha missão na Terra. Às vezes, até tento passar uma mensagem motivacional, sabe? Mas não sou muito bom nisso, deixo essa parte com meu amigo William Sanches. Hoje, entretanto, tenho consciência de que estou aqui para levar alegria às pessoas", acredita. E que missão!

Luis Ricardo e a aposentada Josefina, contemplada com R$ 1 milhão em *Pra Ganhar é Só Rodar*.

"Olhando para minha história, só tenho a agradecer. Fico muito honrado por ter sido usado pelo maior comunicador de todos os tempos: fui jurado, fui o Bozo, fui apresentador de diversos programas na casa, sorteios, eventos; quem é que não quer ser usado pelo gênio Silvio Santos? Só tenho a agradecer por isso!”

CAPÍTULO 8

Mal-aproveitado?

"SE ENXERGUEI MAIS LONGE, FOI PORQUE ESTAVA SOBRE OS OMBROS DE GIGANTES."

Sir Isaac Newton

2022

Em 2022, em uma das raras ocasiões em que participou de eventos com celebridades, Luis Ricardo deu uma entrevista a um programa de TV. Na conversa, que durou poucos minutos, a repórter perguntou se ele poderia ser o substituto de Silvio Santos, considerando seu tempo de casa. Ao que ele respondeu: "O Silvio é insubstituível".

Na sequência, ela quis saber se Luis Ricardo nunca teve vontade de ter um programa só seu, como outros apresentadores do SBT.

"Isso foi o que a gente almejou o tempo todo, a gente trabalhou para isso, mas como eu caí naquela fatia do mercado de prêmios, acho que o Silvio não me aproveitou, ou está deixando para a frente, não sei. Mas o sonho realmente sempre foi ter alguma coisa solo. Porque a gente fez todos os programas dele, porém, do Luis Ricardo, nenhum. Acho que Deus não preparou ainda, ou está preparando uma coisa boa", respondeu o apresentador.

Conversaram ainda sobre como Bozo marcou uma geração, incluindo a própria repórter. E Luis Ricardo, por fim, manifestou sua gratidão a Silvio Santos. No entanto, a edição da entrevista enfatizou a suposta frustração do apresentador por ter sido mal-aproveitado pelo SBT. Claro que a conversa repercutiu em outros veículos, sempre com a mesma ênfase na "polêmica" declaração. Para Luis Ricardo, os cortes prejudicaram o sentido de suas palavras. "Falei na maior inocência. Por isso, fiquei desesperado com a avalanche de notícias que isso provocou", lamenta.

O que, de fato, é verdade nessa história?

"Eu poderia render ainda mais, sim", explica Luis Ricardo. Mas isso não quer dizer que ele: a) não seja grato por todas as oportunidades que ganhou, como reiterou na entrevista; b) não tenha orgulho de tudo o que conquistou até aqui; c) não vá continuar a dar o seu melhor. "Eu não sei explicar o porquê, mas, em todas as pontas que Silvio me colocou para jogar, consegui fazer gol", diz, sem falsa modéstia.

Recentemente, teve a chance de abrir seu coração para Daniela Abravanel Beyruti, a filha número três de Silvio Santos, vice-presidente do SBT desde 2023. "Ela perguntou se tinha algo que me deixava triste. Pude sentir que ela é muito humana e se preocupa de verdade com o profissional", conta Luis Ricardo.

Na reunião, que durou cerca de duas horas, ele também se sentiu à vontade para expor todas as suas reais dores sobre ainda não ter contribuído tanto quanto gostaria para o canal. "Ela disse que isso não tinha razão de ser, afinal cresceu ouvindo o pai falar ao telefone 'Hoje não vou gravar, chamem o Luis Ricardo'", acrescenta. O artista interpretou a frase como (mais um) sinal de reconhecimento por sua dedicação. Esse não foi o único ponto alto da conversa, entretanto.

Luis Ricardo aproveitou a deixa e fez ainda outra pergunta. Quis saber se novos artistas estavam gravando pilotos para apresentar a Tele Sena e outros programas de prêmios, ao passo que os antigos seriam dispensados. A resposta negativa só reforçou a sua opinião sobre a maneira como o SBT está sendo conduzido. "Não só a Daniela, mas também todas as filhas do Silvio Santos que estão na empresa sabem separar o joio do trigo. Elas se informaram, passaram por diversos estágios a pedido do próprio pai para compreender a empresa, amadureceram. Essa humildade vai fazer a diferença", acredita Luis Ricardo, que saiu da reunião satisfeito com os esclarecimentos. "Tentei passar isso aos meus próprios filhos. Se você tem uma questão sobre alguém, nada de ouvir o que os outros dizem, vá direto à fonte", conclui. Mas ele próprio reconhece que nem sempre agiu dessa maneira.

Quem sabe, sabe

Ao longo dos quarenta anos de carreira, Luis Ricardo não nega que a pessoa que mais duvidou de seu talento foi ele mesmo. A princípio por dar ouvidos a comentários negativos – provavelmente dos invejosos de plantão, que existem em todos os meios e profissões. "Não tem como a gente não se questionar, mesmo sabendo que é bom naquilo que faz", reflete.

Ainda hoje ele diz ter dificuldade para lidar com a competição do meio artístico. Porém, aprendeu a se valorizar mais. Atualmente já consegue discernir melhor quando está sendo útil – ou apenas sendo usado. "Acho que isso tem a ver com saber se expressar, saber dizer 'não', saber ser profissional. O que, depois de muito treino, fui desenvolvendo", justifica. Luis garante que já não tem mais a preocupação de agradar a todos, afinal isso é impossível. E dispara: "Eu quero ser usado, sim. Mas no bom sentido. Pois ainda tenho muito a oferecer".

O ator, dublador e diretor Edilson Oliveira (ou Chiquinho, da Eliana, para os fãs) faz eco. Em 2023, em uma entrevista ao podcast *Ticaracaticast*, dos humoristas Bola e Carioca, fez questão de enaltecer o antigo colega de trabalho dos tempos do Bozo. "O Luis tem gás pra caramba. Não estou puxando o saco. Se o cara não sabe jogar bola, ninguém força, ele vai ser roupeiro. Agora quem sabe, sabe", disse, com seu humor habitual.

Por essa razão, Luis Ricardo não descarta a ideia de ter um programa só seu em um futuro próximo. Talvez não tenha manifestado esse sonho antigo com todas as letras (e atitudes), da maneira que deveria, admite. Dessa vez, entretanto, deixou claro à diretoria que está à disposição e que a rede pode contar com ele para o que der e vier, como sempre.

Embora já tenha trabalhado com telespectadores de idades diferentes – com as crianças, como Bozo, com os jovens na *Caravana do Gugu* e com a terceira idade na *Tele Sena*, entre tantos outros –, gostaria de voltar a entreter o público mirim. "As crianças são a plateia mais sincera e difícil de agradar, elas não escondem seus sentimentos, sejam bons ou ruins", explica. Outra razão pela qual gostaria de voltar a trabalhar com os pequenos é a carência de programas voltados para essa faixa etária na televisão brasileira atualmente.

Se pudesse escolher, ele então apostaria em algo nos moldes do *Gente Inocente*, atração que fez sucesso na TV Globo no início dos anos 2000 sob o comando de Márcio Garcia. No programa, que ia ao ar aos domingos de manhã, as crianças (como a atriz Bruna Marquezine) eram as protagonistas: cantavam, dançavam e entrevistavam. Outra ideia que o atrai são atrações com prêmios, com interação pelo telefone ou pela internet, sempre com o palco cheio de gente animada. "Deixaria o povo fazer o programa no lugar do apresentador. O povo tem muito mais a oferecer", acredita. Mas, como o próprio Luis Ricardo reiterou na fatídica entrevista que abriu este capítulo, vamos aguardar, pois o futuro a Deus pertence.

CAPÍTULO 9

Ao vivo e a cores

"QUEM SABE FAZ AO VIVO."

Fausto Silva

ATÉ 1991

Durante os quase dez anos em que interpretou Bozo, Luis Ricardo apresentou o programa ao vivo. Como a atração era exibida de segunda a sexta, em dois turnos, alguns brincavam na época que a sigla SBT, na verdade, queria dizer Sistema Bozo de Televisão. Por sua experiência prévia no circo, o apresentador raramente ficava nervoso durante a transmissão, mesmo em início de carreira. Isso não significa, é claro, que estava livre de enfrentar algumas saias-justas ao vivo e a cores – como se dizia então, quando a TV colorida era ainda novidade nos lares brasileiros.

Um dos perrengues mais divertidos de que até hoje se lembra foi a vez em que entrou no ar sem o nariz do palhaço. "No começo, eu morava no circo com meus pais. Pegava o ônibus de madrugada até o estúdio, que ficava na Vila Guilherme (Zona Norte da capital paulista). Tinha de chegar por volta das seis da manhã para fazer a maquiagem", recorda-se Luis Ricardo. "Com o tempo, peguei a manha e passei a me maquiar sozinho. Mesmo assim, era muito puxado, porque eu ainda ajudava a minha família no circo à noite", completa.

Para descansar, ele removia a peruca e o nariz de palhaço a fim de tirar um cochilo no camarim, entre os turnos. E numa dessas entrou no ar só de peruca, sem o nariz... "Fiquei uns três minutos e meio gesticulando com as mãos na frente do nariz, até a hora do *break* (como se chamam os intervalos entre os programas de TV). Só tirava uma das mãos para atender o telefone. Enquanto isso, a equipe do outro lado da câmera morria de dar risada", conta. Mesmo com a chegada de outros atores para revezar o papel e facilitar o trabalho dos artistas, de vez em quando algum detalhe escapava do roteiro.

Como quando Gilberto Fernandes (que interpretava o Papai Papudo) insistiu em fazer uma esquete em que se vestia de indígena para enviar um sinal de fumaça a outra indígena pela qual estava apaixonado (no caso, Valentino Guzzo, que interpretava a Vovó Mafalda). Imitando os movimentos de tribos indígenas da América do Norte, que batiam um tapete sobre uma fogueira para criar os tais sinais, Gilberto (ou Gibe, como era conhecido pelos colegas) levou um saco de estopa com pó de carvão ao estúdio. "Ele começou a bater o saco no chão, e aquela poeira preta subiu e escureceu a tela. Obviamente não tinha detector de fumaça naquela época. O diretor desceu correndo do 'aquário' para saber o que estava acontecendo. Tivemos de cortar o programa e chamar o comercial, foi uma loucura", diverte-se Luis Ricardo.

Mas algumas das saias-justas não eram tão engraçadas assim. Pelo menos não a princípio. Um dos pontos altos do programa, as interações ao vivo com os telespectadores mirins por meio de jogos, acabou se tornando também um de seus pesadelos. "Atendi o telefone com a saudação de sempre: 'Alô, amiguinho, é o Bozo!'. E nada de resposta. Até que, lá pela quarta vez que repeti a frase, a criança falou: 'Vai tomar no c...'. Fiquei sem reação, não pude acreditar", conta Luis Ricardo. Após alguns segundos, que em um programa ao vivo parecia uma eternidade, ele voltou a si. "Apesar de toda a equipe ficar horrorizada, com a mão à boca, conseguimos contornar a situação. O sonoplasta logo cortou a ligação. E eu, mais calmo, retruquei: 'O quê? Na sua casa tem urubu?'", diz.

O problema é que os trotes começaram a ficar recorrentes. Não havia uma central telefônica para fazer algum tipo de triagem; as ligações eram conectadas diretamente ao telefone do programa. Como sempre fez antes de entrar no palco, Luis Ricardo pedia a Deus para colocar palavras em sua boca. E elas vieram, com uma dose de humor. "Comecei a usar rimas para disfarçar. Se alguma criança dizia 'Vai para a p. que pariu', eu respondia 'O quê? Uma ponte perto da sua casa caiu?', e assim por diante", relembra. A saída encontrada pela produção foi gravar o som de uma linha telefônica ocupada para incluir cada vez que Bozo recebia uma ligação "suspeita" – que o artista até hoje tem certeza de que eram de adolescentes, e não de crianças. Agora, se o telespectador resolvesse xingar no meio de um jogo, quando perdia um prêmio, por exemplo, aí era um Deus nos acuda...

Na raça

Atualmente a maioria dos programas, em quase todos os canais da TV aberta, é gravada. Já os canais de *streaming* surgiram com outro tipo de proposta de entretenimento, com foco na conveniência e na personalização – mas também, exceto por esportes e shows, raramente oferecem atrações ao vivo. De fato, os programas gravados permitem uma variedade maior de formatos, com mais tempo para criar e editar os conteúdos – o que influencia diretamente na qualidade da programação. Entretanto, Luis Ricardo sente saudade da espontaneidade do "quem sabe faz ao vivo", bordão criado pelo apresentador Fausto Silva, outro ícone da TV aberta no Brasil.

"A gente fazia TV na raça. Era mais simples, abria a câmera e começava o show. Quem era bom se garantia. Quem não era não durava muito", comenta. Não que ele seja contra as evoluções tecnológicas que transformaram o jeito de fazer televisão de lá para cá. "A era dos grandes apresentadores, que ficavam no ar por muitos anos, como Silvio Santos, Chacrinha, Faustão e tantos outros, terminou", acredita.

Ainda hoje, ele não se habituou a usar ponto eletrônico, dália, teleprompter... Para quem não está familiarizado com o jargão da TV, aqui vai a explicação. O primeiro é uma espécie de fone de ouvido que serve para o apresentador no palco se comunicar com o diretor. Já a dália se refere aos cartazes com as falas dos atores/apresentadores para relembrá-los caso alguém se esqueça de algum detalhe. O teleprompter, por sua vez, é o nome do equipamento acoplado às câmeras que exibe os textos a serem lidos pelos apresentadores, como nos telejornais. "O apresentador pode ler, sim, desde que passe o texto com o jeito dele", afirma.

Ele se recorda ainda de como a briga entre as emissoras antes do *real time* – ou tempo real, para usar o termo em português – dependia em parte da criatividade de toda a produção. Pois, até o final dos anos 1980, o instituto de pesquisa Ibope (hoje chamado Kantar Ibope Media) apresentava os dados consolidados da audiência somente no dia seguinte[9]. "Eu amava quando o Silvio falava dos filmes que o SBT tinha comprado. Ele comentava algo como 'Amanhã vou exibir tal filme. É muito bom. Eu não vi, mas a Daniela, minha filha número 3, já viu e adorou. Mas não se preocupe, que só vou colocar o filme no ar depois que o capítulo da novela da Globo acabar'". No dia seguinte, era isso mesmo que ele fazia. No fim da novela, o Ibope da Globo caía, e o do SBT ia lá para cima", relembra.

Para Luis Ricardo, embora as produções estejam cada vez mais sofisticadas, por vezes até mesmo "enlatadas" demais, faz falta a naturalidade. "Na minha opinião, acho que ainda poderíamos fazer mais programas ao vivo. Por isso, gosto muito do *Programa do Ratinho*, que continua assim, mais humano", afirma. Entretanto, será que o público, principalmente o mais jovem, iria gostar? Ele não tem dúvida de que sim. "Se os erros de gravação fazem sucesso e os podcasts ao vivo bombam, é porque o povo quer autenticidade", acrescenta.

A TV evoluiu, com certeza. Mas segue sendo, como dizia o saudoso Clodovil, a lente da verdade.

---

9. FELTRIN, R. Dados de audiência das TVs são válidos? *Splash UOL*, 20 dez. 2016. Disponível em: https://www.uol.com.br/splash/noticias/ooops/2016/12/20/dados-de-audiencia-das-tvs-em-tempo-real-sao-validos-o-ibope-responde.htm. Acesso em: dez. 2023.

CAPÍTULO 10

Você pôs um fim na tristeza

“LAR NÃO É ONDE VOCÊ NASCE. LAR É ONDE CESSAM TODAS AS SUAS TENTATIVAS DE FUGA.”

Naguib Mahfouz

A família sempre veio em primeiro lugar para Luis Ricardo, como você pôde ver em diversos momentos ao longo desta história. Então é natural que um capítulo inteiro seja reservado ao tema, incluindo todos os seus significados. E o primeiro que lhe vem à memória é dedicação, desde o início de sua existência. "Minha mãe sofreu três ou quatro abortos espontâneos antes de eu nascer. Tanto que precisou repousar durante a minha gestação", conta. Ele não reclama da infância dura no circo, pelo contrário. Diz que só tem a agradecer.

Enquanto o pai, mais conhecido como Palhaço Xuxu, nunca levantou a voz para o menino Luis Ricardo, a mãe, senhora Marli, o criou com pulso firme. "Quando eu era criança, meu pai fazia um número de palhaço na frente de uma loja que ficava no Largo 13 de Maio, no centro de São Paulo, para chamar a atenção dos clientes. Como brinde, o dono do estabelecimento dava réguas de madeira às pessoas, e meu pai levava várias para casa. Mais tarde, na hora de tomar a lição, se eu não soubesse as respostas, minha mãe me dava reguadas na cabeça", recorda-se. Porém, sem o menor rancor.

"Eu era um menino muito levado. Aprontava tanto que no fim do ano eu fazia promessas para Nossa Senhora Aparecida para passar de ano. Nunca apanhei de graça, não", afirma. "Não poderia ser diferente, porque, em nossas andanças com o circo, a gente encontrava todas as 'tribos'. Os bêbados, os drogados, os rebeldes..."

Luis Ricardo acabou escolhendo outros caminhos, sem pestanejar. "Eu me tornei o homem que sou graças a meus pais. Além da educação, me formaram o caráter. Sou apaixonado por eles. Não quero nem pensar no dia em que um deles partir", reflete.

1984

Minha doce namorada[10]

A criança travessa deu lugar ao menino trabalhador, que chegou à TV cheio de expectativas, sendo a principal dar melhores condições à família – objetivo que permeou toda a sua trajetória, dentro e fora da TV. Mesmo com a fama, manteve-se distante de arruaças.

Sua primeira namorada oficial foi Mariette, uma das assistentes de palco mais famosas dos anos 1980, ao trabalhar com Silvio Santos e Gugu. Fez história na televisão em programas como *Viva a Noite*, *A Praça é Nossa* e *Os*

10. Título de canção gravada por Luis Ricardo em 1984.

Trapalhões. Muitas pessoas na época achavam e até ventilavam na mídia que Mariette era namorada de Gugu, mas nos bastidores todos sabiam que não. Luis foi muito apaixonado por ela na época e gravou inclusive uma música, chamada "Namorada", em 1984.

"Tudo de bom que eu sonhei
Ter um dia na vida
Realizei no momento
Em que te conheci

Você é o meu raio de sol
Minha estrela-guia
Você pôs um fim na tristeza
E na minha agonia

Às vezes eu fico pensando
O que fiz pra te merecer
Você é a outra metade de mim
Paz do meu viver

Namorada
Minha doce namorada
Minha musa, minha amada
Meu pedaço de paixão

Namorada
Minha doce namorada
Minha musa, minha amada
Dona do meu coração"

Luis e Mariette viajaram juntos diversas vezes nas caravanas do Gugu para se apresentarem em todo o Brasil. O namoro terminou, e ambos seguiram suas vidas.

"Nunca usei drogas, tomei meu primeiro copo de cerveja já adulto. Só tive três namoradas, e com a terceira me casei." A terceira namorada, no caso, é Zahie Mattar, ou "a turca", que ele começou a namorar em 1989. Os dois se conheceram por intermédio de uma amiga em comum, em um show da Elba Ramalho.

O início não foi tão amigável, entretanto. "Ela estava acompanhada de duas amigas no show e nem me cumprimentou direito. Sinto que um não foi com a cara do outro. Voltamos a nos encontrar em outras festas. Até que ficamos juntos", comenta. Luis Ricardo não se lembra direito quanto tempo durou o namoro. "Talvez uns seis meses. Só sei que ela logo me 'enquadrou'." Todo mundo da família já avisa: "Luis é péssimo com datas!". Então, a fonte não erra, Zahie confirmou as datas certas: conheceram-se em 1989 e se casaram em 1992.

1995

O jovem casal queria ter filhos cedo. Mas o sonho se realizou somente após alguns anos, em 1995, após uma viagem de férias a Cartagena, na Colômbia.

Apesar da demora para engravidar, a gestação do primeiro filho foi tranquila. Os futuros pais não queriam saber o sexo do bebê, para não estragar a surpresa. No entanto, um médico desavisado deu com a língua nos dentes durante o exame de ultrassom. O que não diminuiu a emoção do parto – especialmente para Luis Ricardo, que tem pavor de sangue. Ficou decidido então que a cesárea seria realizada por um tio, em seu próprio hospital, e que uma enfermeira à parte da equipe acompanharia o pai.

"Quando o médico tirou o Júnior, não vi corte, nem sangue, nem nada. A minha preocupação era contar os dedos das mãos e dos pés daquele serzinho e checar se estava tudo bem. Só depois lembrei que a Zahie estava com a barriga aberta, já estava com o bebê no colo", afirma.

Após três anos, chegou a vez de Mayara, em 1998. "Toda a cena se repetiu. O hospital, o tio, a enfermeira, o parto... De todos os presentes que ganhei de Deus na vida, acompanhar o nascimento dos dois e chamá-los de filhos foi o maior."

Tal pai, tais filhos?

Família também significa proteção. E o Luis Ricardo pai abraçou essa função com todas as garras. Quando a filha resolveu seguir seus passos e anunciou que faria o curso de rádio e TV na faculdade, o pai virou a cara. "Uma carreira na televisão não é construída apenas de momentos alegres.

Carrego inúmeras decepções também. Não sabia se ela teria jogo de cintura para suportar tudo o que suportei."

A menina, entretanto, foi insistente. Pediu ao pai que ele arranjasse um estágio para ela no SBT, e ouviu um sonoro "não" todas as vezes. Quando ela recebeu uma proposta para uma vaga na produção do programa Silvio Santos, o diretor Fabiano Wicher chegou a conversar com Luis Ricardo, que disse: "Se você acha que a Mayara está apta ao cargo, ok. Gostaria de fazer algumas exigências, porém".

Para começar, fez o colega garantir que a filha passaria por todas as etapas do estágio, sem mordomia. Além disso, o trato foi que naquele ambiente eles seriam apenas colegas de trabalho e jamais se tratariam como pai e filha. Por fim, é proibido falar de trabalho em casa.

"Desafios existem em qualquer profissão. A Mayara, entretanto, está aguentando firme. Amadureceu muito profissionalmente, por isso fico vaidoso com os elogios. Mas é claro que ela ainda tem muito a aprender", conclui. Ser exigente, aliás, é uma das principais características do pai Luis Ricardo. Quando os filhos eram menores, vez ou outra, levava um puxão de orelha de Zahie por já os tratar feito gente grande. "Temos de preparar os filhos para o mundo. Eu tenho o coração mole, mas também sei cobrar quando necessário."

O filho mais velho, embora também tenha crescido nos bastidores da televisão, como a irmã, nunca se interessou pelo meio. E não foi por falta de oportunidade. Na ocasião em que foi apresentado a Silvio Santos, nos camarins, o patrão achou o rapaz bonito e perguntou se ele já estava trabalhando na casa. O menino, que na época tinha a idade do pai em sua estreia no SBT, prontamente respondeu que não gostava de televisão. "Tentei amenizar, falei que ele era tímido. Mas o Silvio rebateu dizendo que a vergonha a gente podia tirar ali mesmo. E o Júnior mais uma vez negou o convite", conta. Apesar de saber que muitos jovens fariam qualquer coisa por aquela chance, tem orgulho da sinceridade do filho. "Saber falar 'não' é algo que o Luis Ricardo de sessenta anos ainda está aprendendo", finaliza.

2000

Quase fui comido por um tubarão

Há muito tempo Luis já aprendeu que é fundamental não desistir diante do primeiro obstáculo. Família, afinal, também quer dizer união. Em uma de suas inúmeras aparições no *Domingo Legal*, no início dos anos 2000, ainda na época em que a atração era comandada por Gugu Liberato, Luis Ricardo vestiu-se de fraque e mergulhou com tubarões no Aquário de São Paulo. O objetivo era surpreender Zahie, que passeava por ali com as crianças, para fazer uma declaração de amor debaixo d'água em comemoração aos dez anos de casados. "O que ninguém sabe é que estávamos brigados naquele dia. Imagino que ela deva ter torcido para algum deles me comer", brinca.

Ele gosta de dizer que, por ser aquariano, enjoa fácil de (quase) tudo. Às vezes, até mesmo Zahie se pergunta como eles ainda estão casados há tanto tempo. A verdade é que o artista abriu mão de certas coisas para ganhar outras.

Em muitas ocasiões, ouviu críticas ao evitar badalações e afins por preferir ficar em casa. "Todo mundo dizia que quem não é visto não é lembrado", ressalta. Mas, no seu caso, foi uma escolha consciente. "Hoje tenho o retorno dos sacrifícios que fiz. Uma hora a gente engorda, fica careca, envelhece... A carreira acaba. Já a família, dependendo da maneira que for construída, nos revigora. É para sempre."

Compilação das aparições de Luis Ricardo no programa *Domingo Legal.*

CAPÍTULO 11

Amizades sinceras

“QUEM TEM UM AMIGO, MESMO QUE UM SÓ, NÃO IMPORTA ONDE SE ENCONTRE, JAMAIS SOFRERÁ DE SOLIDÃO. PODERÁ MORRER DE SAUDADES, MAS NÃO ESTARÁ SÓ.”

Amyr Klink

2024

Quando Luis Ricardo voltou a trabalhar no SBT há alguns anos, a filha caçula, Mayara Mattar, manteve-se discreta sobre seu parentesco com o artista, por exigência do próprio pai. Mas era só alguém descobrir, até por conta das semelhanças físicas entre os dois, que ela ouvia sempre os mesmos comentários dos colegas de casa. "Conheço o Luis Ricardo há anos!", "Adoro o seu pai!", "Ele é um excelente profissional!", "É um prazer trabalhar com ele!", e assim por diante. Talvez você esteja pensando que logicamente ninguém iria falar mal de uma pessoa para a própria filha sem necessidade. No entanto, há de concordar comigo que elogios dessa natureza, ou seja, gratuitos, tendem a ser os mais sinceros.

Mas quem conhece Luis Ricardo de perto como eu sabe que ele é tão agradável em frente às câmeras quanto nos bastidores. E embora ele tenha a mania de falar de si mesmo na terceira pessoa, que é a maneira que encontrou de distinguir a pessoa pública da pessoa privada, posso afirmar que as duas são muito parecidas. Luis é naturalmente carinhoso com todo mundo, estranhos ou conhecidos; comprometido com seus projetos profissionais, seja a apresentação de um programa de TV em rede nacional, seja o comercial de uma loja nas redes sociais; e está sempre disponível para os amigos. Em uma entrevista recente ao podcast dos humoristas Bola e Carioca, o *Ticaracaticast*, um dos apresentadores definiu bem o sentimento que ele transmite após alguns minutos de conversa: "Você olha para o Luis e sente que ele é seu amigo", ressaltou Carioca.

Era de se esperar então que o artista fosse amigo de diversas celebridades, daqueles que estão com a casa sempre cheia. Quando alguém lhe pergunta sobre amizades, entretanto, costuma responder que no meio artístico dá para contar nos dedos as pessoas que ele pode chamar de amigos. De uma só mão, aliás. Explicou os motivos para Gabriel Cartolano, do *Fofocalizando*, do SBT, na ocasião em que recebeu a equipe do programa em 2023. "Dá para fazer amigos na televisão?", questionou o apresentador. "Que perguntinha, não, bebê?", rebateu Luis Ricardo.

"É assim: tive algumas decepções, então resolvi me blindar. Talvez o culpado seja eu, por ter me entregado e confiado tanto", justificou.

Seu conceito de amizade é restrito e, ao mesmo tempo, fácil de atender. "Para mim, amizade tem a ver com fidelidade. O amigo de verdade não tem interesse, não cobra nada, deixa você livre. É aquele que, se a gente ficar meses sem se falar, ao se encontrar em uma festa, por exemplo, parece que nunca esteve longe", acredita Luis Ricardo.

Claro que esteve próximo de muitas pessoas famosas e importantes ao longo de quarenta e poucos anos de carreira.

No entanto, evita misturar as coisas. "Conheço e tenho carinho por muitos artistas. Mas chamar para vir em casa para tomar um vinho, fazer uma música no violão, jogar uma tranca, são poucos", conta. Quando o assunto é amizade, ele prefere qualidade a quantidade. E evita citar nomes – até para não deixar ninguém de fora injustamente; mas nem sempre foi assim. Houve uma época em que as portas de sua casa estavam sempre abertas para quem quisesse entrar, sem distinção. Foi percebendo, com o tempo, que muitos dos que aparentavam ser seus amigos tinham outras intenções. "Como aquela pessoa que faz uma chamada em vídeo com você não por saudade, mas para mostrar aos outros ao redor que nós nos conhecemos e tal, como se eu fosse um troféu", lamenta. Para proteger a si e seus familiares, passou a separar os amigos verdadeiros dos interesseiros. Como consequência, as portas de sua casa começaram a se fechar.

Sexto sentido

Após algumas "rasteiras", entretanto, Luis Ricardo aprendeu a reconhecer as características de pessoas aproveitadoras, aqueles chupins, que só vêm com certo interesse. "Com a ajuda de Deus, desenvolvi um sexto sentido para detectar essas coisas. A princípio, a Zahie me criticava. Dizia que eu nem conhecia direito algumas pessoas, que elas nunca tinham me feito nada de mal, e mesmo assim eu me afastava. Mas todas as vezes que desconfiei de alguém, a pessoa acabou decepcionando a mim e a nossa tribo lá na frente. O tempo mostrou que eu estava certo", afirma.

Graças a esse discernimento, Luis Ricardo garante que não sofre mais por amizade hoje em dia. Eu não poderia concordar mais com essa atitude dele. Às vezes a gente se afasta para refletir, porém, em certas situações, é porque já refletimos. Quem nunca?

O que não significa que Luis Ricardo tenha parado de curtir as amizades. Se você der uma olhada em recortes de sua vida em seu perfil no Instagram, rapidamente vai perceber que ele adora receber e celebrar. Pode ser num karaokê, nos camarins, numa viagem... Apenas ficou mais seletivo. Entre famosos e desconhecidos, diz que atualmente tem poucos, mas bons, amigos. E que está melhor assim. "Eu me amo e está tudo bem", completa, fazendo uma referência a um de meus mantras.

"O que falar dessa pessoa extraordinária? Só vejo essa palavra quando penso no Luis", comenta Jefferson Cândido, diretor de programas do SBT. "Ele foi meu ídolo de infância. Não só como Bozo, mas também como cantor. Sempre fui fã da Disney e do SBT, e já na infância sabia que aquela voz da trilha de *Ducktales* era do meu Bozo favorito. Alguns quase vinte e poucos anos depois, já trabalhando no SBT, fui transferido para o *Programa Silvio Santos* e o via ainda de longe gravando os sorteios do Baú. Até que o SBT completou trinta anos, e todos sabiam que eu adorava o Bozo; fui conhecê-lo real e de Bozo em seu camarim, imagina a mágica que foi! Voltei a ser aquela criança de cinco anos novamente. Depois disso, nunca mais nos desligamos. Luis é aquela criança no corpo de adulto, ainda guarda a inocência no coração, aquela mesma inocência que eu preservo no meu, e acredito que por isso nossa amizade tenha dado tão certo. Hoje posso dizer que Luis já faz parte da minha vida como amigo, fizemos várias viagens juntos em família, minha mãe o ama. Luis é aquele cara parceiro para todas as horas, trabalhador, honesto e fiel dono de um coração maior que ele. Posso falar que o Luis foi e é um grande homem que soube falar ao coração das crianças!"

Acho que, se eu fosse colocar todos os depoimentos que recebi sobre o Luis Ricardo, desde que avisei que estava escrevendo o livro sobre ele, teria que anexar a esta obra outro livro só de depoimentos e declarações. Mas algumas me chamaram atenção porque, além do amor pelo amigo, vêm carregadas de afetos.

*

Minha amizade com o Luis vem de criança... Amizade familiar. Somos de família circense e, como de costume, íamos visitar o circo um do outro. O Luis sempre foi um cara diferente, era nítido que ele não ficaria no circo por muito tempo; e foi isso que aconteceu. E foi perfeitamente normal alguns circenses criarem uma admiração pelo Luis (sou um deles, até pela proximidade). O Luis nos anos 1990 era um artista muito versátil no SBT: cantor, jurado no Programa Silvio Santos, apresentador oficial da Tele Sena e, claro, o "Bozo". Ele sempre estava fazendo shows nos circos dos meus pais e dos meus tios. Meu padrinho, que é irmão do meu pai, nos anos 1990 tinha muita amizade com a família do Luis, pois meu padrinho deu sua filha (minha prima) para o Luis batizar, então essa proximidade ficou muito grande.

Certa vez meu padrinho me convidou para ir, em um sábado, no circo da família do Luis, passear, e aceitei de imediato, pois eu já estava com dezoito anos e fazia algum tempo que não via o Luis e seus pais (Dona Marli e o Xuxu). Nesse dia aconteceu algo muito inusitado, pois o apresentador do circo do Luis estava doente e não tinha ninguém para apresentar o espetáculo; vendo o pai do Luis (Xuxu) muito apreensivo com aquilo, me ofereci para ser o apresentador, pois já tinha alguma experiência nos circos da minha família. O que eu não sabia era que exatamente naquele dia o Luis estaria se apresentando como cantor! Minhas pernas tremeram, e veio, claro, aquela dor de barriga. "Caramba, justo hoje que resolvi ajudar no palco o Luis vai estar cantando?!" Mas para mim foi épico! E assim foi... O Luis pediu para me chamar no trailer onde os pais dele moravam, para me passar algumas coordenadas de como ele gostava que o apresentador do seu circo conduzisse o espetáculo, e até a forma como ele (Luis Ricardo) gostava que o apresentador o chamasse para o show no palco. Foi a realização de um sonho estar ali ao lado do Luis, circo lotado e eu em cima daquele palco, com apenas dezoito anos, como apresentador.

Assim foi por alguns anos, trabalhando com o Luis e sua família. Os conselhos e as broncas construtivas (que não foram poucas) que sempre vinham do Luis dirigidas a mim contribuíram muito para a minha formação profissional. Do que sei, do que aprendi profissionalmente, 95% foram moldados por essas broncas e conselhos de como me comportar no palco e segurar uma plateia inteira apenas com um microfone nas mãos. Quando eu o via aos domingos no circo como Bozo, aquilo me enchia de alegria e admiração!

Bom, conversar com o Luis é sempre muito prazeroso, pois sinto aquela sensação de conversar com meu pai ou um tio mais próximo. Até hoje ainda tenho esse sentimento de família pelo Luis. Se aprendi algo com meu pai, foi que homem sem gratidão não tem caráter, e eu agradeço e sempre agradecerei ao Luis por tudo que fez e faz por mim, como profissional que sou da cultura.

Claudio Siqueira Jr.
ator, apresentador e empresário da área cultural

Que privilégio meu ser amigo do Luis Ricardo!

Mal sei como essa amizade começou, mas creio que foi quando eu ainda era jornalista no site OFuxico.

Sempre ligava para as pessoas que eu admirava em busca de boas notícias para publicar. Para mim, Luis sempre foi um talento que poderia ser mais bem explorado, na minha opinião.

Em tempos como os de hoje, em que comunicadores são exceção, Luis é peça rara em um meio no qual o ego tem se tornado maior do que a paixão pela comunicação, mas isso é outra história!

Voltando a falar sobre a minha amizade com o Luis, me lembro de como se fosse hoje quando eu fui contratado pelo SBT para fazer fofocas no Programa do Ratinho em 2010, e ele, com aquele seu jeito amigo e professor, foi me ajudando e moldando com vários toques e dicas.

Imagine que você tem um ídolo e que tempos depois esse ídolo vira seu professor! É surreal, e aconteceu comigo.

Eu e o Brasil éramos fãs de Bozo. Me lembro como se fosse hoje quando eu era criança e me perguntavam: o que você quer ser quando crescer? Eu rapidamente respondia: palhaço ou padre. Palhaço porque Bozo no SBT e Atchim & Espirro na Gazeta me fascinavam. Eram horas grudados na frente do televisor esperando meus amigos virtuais chegarem. E chegavam. Como me fizeram companhia. Tempo bom que não volta mais!

Quem diria que anos depois eu seria amigo do Luis, que faríamos passeios juntos e que até frequentava sua casa?

A vida de gente é uma caixinha de boas surpresas, e com essa amizade que já dura bons anos pude conhecer também a sua apaixonante família. Zahie, a esposa, é encantadora, Júnior é o galã da família, e Mayara, além de linda, é aquela que a gente tem vontade de guardar em um potinho.

Em sua trajetória pessoal e profissional, Luis conseguiu muito mais do que admiradores, conseguiu construir uma linda família e uma linda carreira nos mais diversos cantos do país. Luis, eu sou teu fã e sempre serei grato por sua generosidade e genialidade!

Thiago Rocha
jornalista

Falar do Luis Ricardo nesse livro é uma honra fácil de explicar: eu sempre amei TV, e para um garoto nascido nos anos 80, não tem como não ter parado para assistir essa figura marcante pelo menos uma vez na vida (no meu caso, milhares de vezes!). O acompanho há anos e, para minha surpresa, hoje posso chamá-lo de amigo querido! Padrinho do meu casamento, Luis é um cara fora de série e que transmite alegria o tempo todo. A gente se identificou um com o outro à primeira vista! E olha que nossa aproximação mesmo se deu por conta da fatídica cena com fogo no *Programa do Ratinho*. Apesar de ele só gostar de fazer risoto no jantar, eu amo esse cara.

Murilo Gutieri Bordoni
diretor de palco do *Programa do Ratinho*

CAPÍTULO 12

Tocando em frente

“CADA UM DE
NÓS COMPÕE A
SUA HISTÓRIA.

CADA SER EM
SI CARREGA O
DOM DE SER
CAPAZ

E SER FELIZ.”

Almir Sater

2025

Um artista não pode perder as esperanças, senão perde também o brilho. É o que responde Luis Ricardo quando lhe perguntam sobre seu futuro na televisão. Por isso, independentemente das oportunidades que ainda podem ou não surgir em seu caminho, ele segue em frente e de cabeça erguida. Não é modesto, nem teria razão para ser, na minha opinião. Afinal, é um comunicador nato, que sabe conversar com a mesma facilidade com públicos de diferentes gerações. Espontâneo, odeia decorar textos, prefere falar com o coração. Com essa simplicidade, conquista a todos.

Mesmo assim, quando estreou na TV, ele não imaginou que chegaria tão longe. "Muitas pessoas, até alguns familiares que não eram do meio artístico, torceram contra. Por serem mais conservadores na época, achavam que eu deveria buscar uma vida 'normal', com diploma e carteira assinada", recorda-se. Muita gente duvidou, segundo ele. Chegou a ouvir que tinha pouca chance de dar certo. "Como ter um emprego comum não era o que eu queria, tive que batalhar e mostrar do que eu era capaz e assim provar o meu valor", acrescenta. E conseguiu!

A trajetória profissional de Luis Ricardo, como você viu, se confunde com a do SBT. Estreou "pra valer" na TV no mesmo ano da criação do canal, em 1981, onde continua até os dias de hoje. Exceto pelo hiato de alguns anos de sua rápida passagem pela Globo, foi ali que compôs a sua história, parafraseando a canção de Almir Sater que abre este capítulo. De lá para cá, foram tantas mudanças, conquistas, aprendizados. Desde os estúdios localizados na Vila Guilherme, na Zona Norte da cidade, até o moderno Complexo Anhanguera, em Osasco (SP), inaugurado em 1996, o artista presenciou o avanço e a consolidação da emissora. Luis Ricardo é coisa nossa, dizia o bordão do programa *Show de Calouros*.

Ter sido testemunha e parte dessa revolução o transformou em um fã incondicional de Silvio Santos, como o são tantos outros que tiveram a chance de trabalhar com ele. "Muitos dizem que sou 'baba-ovo' do Silvio. Mas o que falo é pouco. Em mil anos, não haverá outro como ele", justifica. O patrão, aliás, foi uma das pessoas com quem aprendeu que a espontaneidade conta e muito. "Não represento, amo de verdade o que faço. Até porque as câmeras conseguem mostrar se você está fingindo ou não. Ao contrário da internet, onde os personagens são recortes mais elaborados de si mesmos", acredita.

"Então, quando um novato me pede um conselho para entrar na TV, eu digo 'dê o que você tem de melhor'. Alguns nascem para ser os vilões, outros para ser os mocinhos. E tem também aqueles que são os galãs e símbolos sexuais. Não tente ser quem você não é, porque logo será desmascarado pelas lentes. Em vez disso, siga a sua alma", finaliza. Um conselho que vale para todo mundo, diga-se de passagem.

Outra dica que gosta de ressaltar é o trabalho em equipe. Por trás das câmeras, como Luis Ricardo faz questão de lembrar, existe um aparato imenso que inclui produtores, figurinistas, diretores, iluminadores, contrarregras e assim por diante. Isso sem contar todo o maquinário. "Sozinho a gente não chega a lugar nenhum", resume.

Para o artista, é fundamental que o apresentador esteja em sintonia com os colegas: todos são igualmente importantes e têm muito a aprender uns com os outros. "Se o contrarregra está desmotivado e demora para recolher as cartas de um sorteio, um trabalho aparentemente simples, isso pode atrasar todo o resto do processo", exemplifica.

Ao longo dos quarenta anos de carreira, ele pôde comprovar que aqueles que se acham acima dos demais, a ponto de maltratá-los, correm o risco de estagnar: "Quando a equipe perde o brilho, para de ter boas ideias, ou então as guarda para si mesma", diz. Sendo assim, sempre fez o possível para manter um clima positivo no trabalho, tanto na frente quanto por trás das câmeras. Gentileza gera gentileza, não é mesmo?

O que vem por aí

Embora valorize seu legado pessoal e profissional, Luis Ricardo não gosta de viver no passado. Vez ou outra, entretanto, não tem jeito: o passado insiste em aparecer. Recordar é viver... E melhor ainda se for em grande estilo.

2011

Duas décadas depois de interpretar Bozo, em 2011, o artista vestiu a fantasia do palhaço novamente para participar do programa infantil *Bom Dia & Cia*. A ocasião era especial, já que a atração fazia parte das comemorações dos trinta anos do SBT.

Em uma entrevista recente ao podcast *Inteligência Ltda.*, Silvia Abravanel contou como convenceu Luis a encarnar o personagem novamente[11]. A princípio, de acordo com a filha de Silvio Santos, que na época dirigia o *Bom Dia & Cia*, o artista recusou a proposta. Mas esse não foi o único obstáculo.

Depois que Luis acabou cedendo por insistência de Silvia, ela teve de arranjar a roupa e os sapatos do palhaço às pressas, já que o artista tinha apenas a peruca e o nariz. O esforço valeu a pena. "Ele parou as emissoras do Brasil. O SBT em peso, todo mundo querendo entrar no estúdio, até o meu diretor artístico. Meu pai me ligou: 'É VT?'. Falei 'Não, o Bozo tá aqui'", contou. E não só ele: várias emissoras também entraram em contato com o SBT durante a exibição para fazer a mesma pergunta e descobrir como ela tinha conseguido realizar aquela viagem no tempo.

11. Silvia Abravanel revela que especial de 30 anos com Bozo fez Globo ligar para o SBT. *Na Telinha*, 21 jan. 2022. Disponível em: https://natelinha.uol.com.br/televisao/2022/01/21/silvia-abravanel-revela-que-especial-de-30-anos-com-bozo-fez-globo-ligar-para-o-sbt-175644.php. Acesso em: jan. 2024.

A peruca e o nariz ainda deram o ar da graça mais uma vez desde então, na comemoração de 42 anos do SBT, em 2023, no *Programa Silvio Santos*. A aparição teve um gostinho ainda mais especial, porque foi a primeira vez que os filhos Júnior e Mayara, que nasceram nos anos 1990, viram o pai interpretando o palhaço mais famoso do mundo. Se ele vai se vestir novamente de Bozo um dia? Difícil responder...

Mas a vida vai além do trabalho, mesmo quando o ofício se mistura com diversão – e Luis Ricardo sabe bem disso. "Sempre gostei de ter o pé na estrada, por isso digo que casei com a pessoa certa. A Zahie também adora viajar. Para a nossa aposentadoria, os planos são muitas, muitas viagens. Quero conhecer novos países e novas culturas. E nos intervalos, ainda revisitar a Disney sempre que puder."

Como era de se esperar, também sonha em ser avô em um futuro não muito distante. "Eu digo que não quero ser chamado de avô, mas claro que quero ter netos", brinca. No que depender dele, garante estar sempre pronto para um novo ciclo. "A vida é isso, a gente tem de se reciclar de tempos em tempos. E isso implica reconhecer quando a sua alma já não mais resplandece em você e, portanto, está na hora de mudar", conclui.

Acima de tudo, Luis Ricardo quer ser lembrado por ser um cara "do bem". E não apenas por tudo o que fez até aqui, mas também por tudo o que faz e por tudo o que ainda vai fazer. "Quando alguém bate na porta da sua casa (toc-toc-toc), você pergunta 'quem é?', e não 'quem foi?'", finaliza.

CAPÍTULO 13

De novo, dez minutos

"HOJE

NUM MUNDO
DE SONHOS
VIVEMOS

E TANTO QUE ATÉ
PARECEMOS

CRIANÇAS
NUM PARQUE A
BRINCAR."

Luis Ricardo

Dizem que o tempo não volta. E que a única coisa que volta é a vontade de voltar no tempo. Ao regressar a todas essas cenas, histórias e lembranças com meu amigo Luis Ricardo para compor este livro, muitos *insights* vieram à minha cabeça, já que, além de escritor, sou terapeuta. Algo que me inspira demais em sua trajetória é a maneira como soube se reinventar e dar a volta por cima diante dos desafios que a vida lhe impôs. E continua a impor, claro. Pois a realidade é transitória, tudo passa! Um dia estamos por cima e no outro, por baixo. Portanto, é importante lembrar sempre disso.

Luis viveu e vive a sua verdade, seja pessoal ou profissionalmente. Sempre foi fiel às suas convicções, ainda que isso implicasse em fazer alguns sacrifícios, como abrir mão de badalações, holofotes e até mesmo de certas amizades para se dedicar à família. Acredito que esse seja um dos motivos pelos quais ele guarda poucos arrependimentos. Errou e faria algumas coisas de outro jeito? Sim, com certeza, todo mundo erra, porque ninguém é perfeito. Mas pelo menos ele nunca traiu seus próprios valores.

As pessoas que convivem com ele no dia a dia e o conhecem a fundo, seus entes queridos, são suas principais testemunhas nesse caso. Jorginho, como é mais conhecido, é um dos amigos mais antigos do Luis, e ele se lembra bem de momentos difíceis e momentos de superação que viveram.

Durante o seu período de Papa Tudo, antiga marca que a Globo lançou (muito parecida com a Tele Sena), o Luis Ricardo mantinha a LR Produções, um escritório de eventos que havia montado para administrar a sua carreira. Ficava no segundo andar de um prédio no Centro Comercial de Alphaville. Trabalhávamos eu, o primo homônimo de Luis e o Timbira. Após os acontecimentos negativos envolvendo o Papa Tudo, a negatividade resvalou também no nome do Luis Ricardo, que era um dos apresentadores. Foram talvez os piores momentos da sua vida profissional, pois estava desempregado e vindo de um produto que estava sob intervenção por ter "dado um golpe" nos clientes. Isso tornava cada vez mais difícil a possibilidade de Luis Ricardo assinar um novo contrato. Sempre que tentávamos um novo trabalho, vinha a desculpa: "Poxa, o Luis é muito bom, mas infelizmente essa história do Papa Tudo prejudicou a sua credibilidade". Nenhum convite, nenhum chamado, nenhum contrato chegava... A situação era mesmo muito difícil.

Numa tarde muito chuvosa em Alphaville, num rompante e tomado por uma força repentina, ele se levantou, pegou uma vassoura, um balde de água e sabão, foi para a varanda e, aproveitando a água da chuva, começou a lavar a fachada do prédio. Em alto e bom som, freneticamente, passou a pedir em forma de oração: "São Pedro! São Pedro! Lave as nossas almas! Lave a alma desse povo sofrido".

Ficou repetindo isso como se fosse um mantra por pelo menos uns quinze minutos. Até hoje não sei se ele sorria ou chorava durante essa lavagem, mas eu percebia que havia ali uma força muito forte e mística, tanto que, algumas semanas depois, ele foi reintegrado ao Grupo Silvio Santos.

Manoel Jorge de Albuquerque, ou simplesmente Jorginho

Todas as pessoas passam por momentos desafiadores, recebem um "não", se sentem rejeitadas, isso não é privilégio de ninguém. O problema está em aceitar o "não". A fé gera a ação, e a ação gera o milagre. É preciso movimento!

Você sentiu que este livro é um vaivém no tempo, é uma ida e vinda do passado para o futuro, e assim são nossas memórias. O passado nos ensina, nos traz entendimento e sabedoria para olhar para o futuro que estamos escrevendo no presente.

Como mexi muito com o passado nesta obra, pensei, em um momento de inspiração, em perguntar para algumas pessoas sobre dez minutos que elas poderiam ter o prazer de reviver.

Então resolvi perguntar a elas:

...se Deus permitisse a você voltar no passado por apenas dez minutos para vivê-los com Luis Ricardo, para qual momento você gostaria de retornar?

Honrar pai e mãe

A mãe do nosso showman, Marli, foi longe. "Se pudesse, voltaria para o dia em que ele nasceu", me contou ela. Essa data é especial para qualquer mãe, obviamente. Para Marli, contudo, tem um sabor diferente, de vitória. "A primeira vez que engravidei, eu estava passando uma temporada no Nordeste com o Circo Garcia. Engravidei e perdi o bebê logo no início da gestação", recorda-se a mãe. Marli engravidou novamente depois de alguns meses, porém a tragédia se repetiu: ela sofreu outro aborto espontâneo. Na sequência, o circo se dirigiu para Petrópolis, no Rio de Janeiro, onde se instalou no famoso Hotel Quitandinha.

Quando descobriu que estava grávida pela terceira vez, por conta de seu histórico médico, a recomendação foi parar de trabalhar e ficar em repouso. "Falei para o dono do circo: 'Preciso voltar para casa, não posso perder mais essa criança'. Então, fui morar com a minha mãe em São Paulo", disse. Nos primeiros meses, além de ficar a maior parte do tempo na cama, com as pernas para cima, sofreu com os enjoos. "Punha tudo para fora. Mas depois, graças a Deus, ficou tudo bem", completou. Como o marido, Xuxu, estava no Rio de Janeiro, a trabalho com o circo Garcia, a família de São Paulo foi quem a levou à maternidade quando chegou a hora. "Lembro ainda hoje quando o médico disse 'é menino'. Foi a maior alegria da minha vida", concluiu Marli.

O pai de Luis Ricardo, o palhaço Xuxu, como é chamado entre os amigos e familiares, também se recorda com carinho dessa época. "Depois de tanto esforço, conseguimos realizar o nosso sonho de ser pai e mãe", relembra. Porém, se pudesse voltar no tempo e reviver um momento especial com o filho, em vez do hospital, o cenário seria um "pouco" diferente.

"Uma cena que nunca vou esquecer aconteceu no dia em que ele se fantasiou de Bozo e gravou dentro da jaula dos leões no nosso circo", me contou Xuxu, cheio de orgulho. O motivo, como você já leu por aqui, era a gravação da abertura de uma das temporadas do programa, nos anos 1980.

"Eu ensinei a arte circense para o Luis desde que ele era criança. Ele foi malabarista, mágico, equilibrista... Ele não era domador (profissional), mas foi para a jaula mesmo assim. Até montou a cavalo na leoa", divertiu-se Xuxu. "Claro que fiquei ao lado o tempo todo, para protegê-lo. Foi gratificante ver o Luis ali, o filho seguindo os passos do pai", acrescentou.

Conexão...

Continuando a nossa viagem pelo tempo, também fiz a mesma pergunta à Zahie Mattar, companheira de Luis Ricardo há décadas. Ela achou difícil escolher apenas uma situação... Pensou bastante e escolheu o dia em que ficaram juntos pela primeira vez, em uma festa em Atibaia, como já contamos anteriormente. "Foi mágico, porque caímos no choro. Sentimos uma energia e uma conexão muito fortes, não sei explicar. Algo que nunca havia experimentado antes", recordou-se a esposa. Para ela, a explicação talvez esteja além da nossa compreensão. "Quem sabe foi algo de outras vidas, de tão surreal", concluiu. Zahie não poupa elogios ao marido. "Amo a nossa trajetória, tudo o que vivemos e tudo a que sobrevivemos. Luis foi e é a minha melhor escolha. Que o amor e a vontade de estarmos juntos sempre prevaleçam", afirmou.

...e cumplicidade

O filho mais velho, Luis Ricardo Júnior, ressaltou que o pai sempre foi incisivo na hora de ensinar o que é certo e errado. "Hoje vejo que a rigidez e a cobrança nunca foram demais. Com certeza, vou transmitir os mesmos valores aos meus filhos", afirmou. E se pudesse voltar no tempo?

"Acho que reviveria dez minutos de uma ocasião em que pegamos a estrada juntos, de carro. Foi um momento só nosso, em que conversamos sobre tudo e nos abrimos diversas vezes. Algo que não temos o hábito de fazer no dia a dia", explicou. Para Júnior, como é chamado na família, o sentimento que representa a relação entre pai e filho é a fidelidade. "Independentemente do que aconteça, somos sempre fiéis um ao outro", pontuou.

Por fim, para a filha, Mayara, o momento que gostaria de viver novamente com o pai seria um simples trajeto até o SBT, por ocasião da gravação de um Teleton, anos atrás. "Não lembro exatamente o ano, só que estávamos subindo para os estúdios do SBT e no rádio do carro estava tocando uma música da Amannda", destacou. Pai e filha estavam apenas cantando e rindo juntos, o suficiente para Mayara eternizar a lembrança como uma de suas preferidas.

"Sei que para sempre vou conseguir fechar os olhos e recordar aquele momento. O coração chega a apertar de saudade, com vontade de voltar e reviver tudo o que vivemos até hoje mais uma vez", completou. A filha caçula sente que a cumplicidade é o que define sua relação com Luis Ricardo. É grata por ter aprendido com ele a correr atrás de seus objetivos. "Ele me ensinou também que, por mais doloroso que seja o caminho, desistir não é uma opção. E que o mais valioso da vida não se compra", concluiu.

Essas respostas reforçam a importância de nutrir bons sentimentos. São os pensamentos (positivos e negativos) que alimentam as emoções. Além dos pensamentos, conseguimos nutrir todos eles com lembranças e conversas. Podem ser memórias de ocasiões importantes, como o dia do nascimento ou do primeiro beijo. Assim como coisas simples, do dia a dia, tal qual uma viagem de carro. Eles criam vida dentro da nossa mente e influenciam as demais áreas da nossa vida.

Por isso, é essencial escolher qual deles – e de que maneira – queremos alimentar. A raiva, o medo, a mágoa? Ou a esperança, a gratidão, a generosidade? Ao longo deste livro, optamos por destacar os sentimentos positivos. Quando compartilhamos o amor, ele não diminui, e sim se multiplica.

Edilson Oliveira foi grande parceiro do Luis na época do *Programa Bozo*. Estive com ele, que também ficou conhecido por interpretar o personagem Chiquinho, do *Programa da Eliana*, e ele me disse: "Foi uma época em que o Bozo dominava as manhãs e as tardes do SBT, era a Bozo Mania, ou o Sistema Bozo de Televisão. Teve muitos especiais, e dois me marcaram muito: o show do Bozo no Playcenter, que parou a Marginal Tietê, de tanta gente que foi ver – foi recorde de bilheteria –, e a parada do SBT que levou milhares de pessoas do aeroporto ao Campo de Marte, inesquecível".

Aproveitei e fiz a pergunta deste capítulo para ele: se você pudesse voltar a dez minutos no seu passado com Luis Ricardo, que momento seria esse?

"Se eu pudesse voltar no tempo, queria reunir todas aquelas pessoas que fizeram parte desse projeto lindo, desde a produção até a equipe técnica e os atores que compuseram esse momento, pois muitos já se foram e deixaram a sua contribuição para que as crianças pudessem ter um momento único na década de 1980. Todos entrando no estúdio do SBT sendo aplaudidos pela plateia mais sincera e limpa de alma do mundo: as crianças."

E você deve estar com a curiosidade aguçada pensando: e para o Luis Ricardo? Qual seria esse momento mágico, quais seriam os dez minutos que ele viveria de novo?

Quando lhe fiz essa pergunta, ele, é claro, se emocionou, chorou, e me disse:

"Tem umas coisas que não posso falar, mas os dez minutos que eu queria viver de novo vão complicar muito minha vida, então ninguém nunca vai saber, só eu e Deus. Talvez num futuro eu diga, quem sabe em um próximo livro, num filme, quem sabe, mas tem dez minutos que eu poderia falar, uma opção para agora. Minha mente me leva lá no passado, eu tinha doze anos, e nosso circo estava no Vale do Paraíba, entre São Paulo e Aparecida. Estávamos eu, meu pai e minha mãe no circo. Aconteceu uma grande tragédia, um vendaval, o circo caiu e nós três estávamos tentando salvar alguma coisa. Uma correria para tentar salvar a lona, alguma coisa que ajudasse na reconstrução. Estar com meus pais nesse momento levantando o circo me representou UNIÃO e AMOR INCONDICIONAL."

[...]

Hoje
Num mundo de sonhos vivemos
E tanto que até parecemos
Crianças num parque a brincar

Hoje
Somente o amor interessa
Vivemos a vida sem pressa
O caminho é mais curto percorrido a dois

Sinto que o amanhã vai fazer tudo continuar
E o sonho que hoje vivemos não vai se acabar
Ela faz de mim a razão desta felicidade
Ela é o presente, o passado, minha eternidade
Hoje
Num mundo de sonhos vivemos
E tanto que até parecemos
Crianças num parque a brincar

Hoje
Somente o amor interessa
Vivemos a vida sem pressa
O caminho é mais curto percorrido a dois
Hoje
Num mundo de sonhos vivemos
E tanto que até parecemos
Crianças num parque a brincar
[...]

Ontem, Hoje e Amanhã
Luis Ricardo